本书系河南省高等教育教学改革研究与实践项目重大项目
“基于专创融合的地方高校创新创业教育生态体系构建与实践”（2017SJGLX001）
及其子课题“行业特色型高校创新创业人才培养范式研究与实践”
（2017SJGLX001-3）的研究成果，同时得到国家自然科学基金青年基金项目
（71602051、71603073）、河南省高校人文社科重点研究基地物流研究中心资助
项目（2017-JD-04）、河南省社科规划项目（2015CJJ049）、河南省高等学校
青年骨干教师资助计划（2012GGJS090、2020GGJS087）、
河南省高校科技创新人才支持计划（人文社科类）、
河南省高校哲学社会科学创新团队资助项目（2019-CXTD-04）的资助。

创新创业政策与教育实践
——基于河南省高校的实证研究

徐 恒 钟 镇 李朝阳◎著

中国经济出版社
CHINA ECONOMIC PUBLISHING HOUSE
北 京

图书在版编目（CIP）数据

创新创业政策与教育实践：基于河南省高校的实证研究／徐恒，钟镇，李朝阳著．--北京：中国经济出版社，2022.7

ISBN 978-7-5136-6987-0

Ⅰ．①创… Ⅱ．①徐… ②钟… ③李… Ⅲ．①就业政策-研究-中国②地方高校-创业-教育研究-河南 Ⅳ．①F249.20②G647.38

中国版本图书馆 CIP 数据核字（2022）第 117551 号

责任编辑　张利影
责任印制　马小宾
封面设计　华子图文

出版发行　中国经济出版社
印 刷 者　北京富泰印刷有限责任公司
经 销 者　各地新华书店
开　　本　710mm×1000mm　1/16
印　　张　15.75
字　　数　230 千字
版　　次　2022 年 7 月第 1 版
印　　次　2022 年 7 月第 1 次
定　　价　82.00 元
广告经营许可证　京西工商广字第 8179 号

中国经济出版社 **网址** www.economyph.com **社址** 北京市东城区安定门外大街 58 号 **邮编** 100011

前　言

在2014年9月的夏季达沃斯论坛上，李克强总理提出“掀起大众创业、万众创新的新浪潮”，形成“万众创新”“人人创新”的新态势，我国各行各业便开始了创新创业的新征程。政府有关部门和相关研究学者积极响应，“大众创业、万众创新”这一关键词频频出现在政策文件和学术文献中。历经几年的蓬勃发展，基于创新创业政策与创新创业教育视角，回顾创新创业发展历程，明确其发展现状，探究其发展对策，对进一步推动我国创新创业领域的深化发展具有重要的理论意义和实践价值。

本书将创新创业研究置于供给侧结构性改革背景下，着重探究创新创业政策与学术文献的演化历程、创新创业教育与学生发展的内在机制，并以河南省高校为研究对象进行实证分析，其成果主要体现在以下四个方面。

第一，明确我国创新创业政策的研究现状；运用文献计量方法与LDA文本挖掘模型分析我国及河南省创新创业政策发展现状与演化规律，并比较分析其发展思路和关系；进一步对我国创新创业政策进行绩效评价，揭示政策引导取得的成果和现存的问题。

第二，分析我国创新创业学术文献研究领域的发展现状及侧重点；运用文献计量方法明确创新创业研究发展的周期及研究层次，并从研究对象及所在机构两个方面探究创新创业研究的区域特征；深入分析创新创业学术文献热点和发展趋势，为学术领域的持续研究提供明晰的方向。

第三，以体验式创业教育为研究重点，明确其对大学生创业能力及就业质量的影响机制；进一步探讨创业教育、社会资本和大学生就业质量之间的影响关系，并明确自我效能感的中介作用；以河南省高校为实证对象，考察创业教育对大学生创业活动的促进作用。

第四，按照层层递进、逐渐深入的研究思路，本书依次分析在校大学生创业意愿的影响因素、在校大学生互联网创新创业意愿的影响因素；以河南工业大学为实证对象，进一步考察在校大学生通过淘宝平台进行创业的意愿及影响因素，并在此基础上对高校的创新创业教育提出相关对策和建议。

本书课题组

2022 年 1 月

目 录

第一章　我国创新创业政策的现状及主题演化分析

第一节　我国创新创业政策的起源及研究现状

一、我国创新创业政策的起源

自“大众创业、万众创新”（以下简称“双创”）这一概念在2014年夏季达沃斯论坛第一次被提及后，一直成为热点话题。2015年是我国的“创业元年”，自2015年以来，我国制定了一系列创新创业政策，为“大众创业、万众创新”提供了政策保障，由此我国进入“双创”新时代。我国深入实施创新驱动发展战略的成效显著，创新能力不断提升，为推动高质量发展提供了强大动力。

二、我国创新创业政策的研究现状

在有关创新创业政策的研究中，创新创业政策效果评估的文章数量占比最高，且研究方法各不相同，这为多角度评估创新创业政策的有效性提供了依据。

温美荣（2018）通过走访、座谈和问卷调查的方式，对H省的“双创”政策组合进行评估后认为，推进“双创”是政府理应承担的职责，推动“双创”的基本方式是制定和实施公共政策。该研究对我国目前创新创业政策取得的成果给予肯定，指出目前“双创”载体日益多元化，众创空间繁荣发展，初步形成创业教育与创业指导格局，商事制度改革对各类市场主体创业活力的激发起到很大的作用；分析我国“双创”政策在宣传引导、财政和税收支持、创新创业教育、创新创业平台建设政策实施细则和服务方式、科技资源和成果转化等方面存在的问题，并提出相应的对策建议。

王苗苗等（2018）认为，我国政府在技术支持和资金投入方面的力度较为薄弱，诸多政策工具没有被采用。对处于衰退期的企业来说，需求层面的政策工具没有发挥拉动作用。张永安等（2018）分析了2014—2016年我国“双创”政策对企业的支撑效率问题，认为我国“双创”政策对区域新动能的支撑总体效率较高，但在政策落实方面存在地区差别，并据此提出加快区域协调创新发展、完善“双创”政策体系等建议。

综上所述，在相关创新创业政策文本的研究中，部分学者从整体出发研究国家创新创业政策的发展，有的通过走访调查对某一地区的创新创业政策进行评估，同时有学者分析不同地区的创新创业政策差异，这为后续的研究打下了坚实的基础。

通过文献梳理发现，对我国相关政策的文本挖掘研究数量较多，且涉及领域广泛，大多数研究围绕效果评估、提升对策以及政策结构分析等进行，但对我国创新创业政策的发展规律和趋势的研究较少，因此本部分将通过文本量化分析厘清我国创新创业政策发展的规律和方向。

随着我国进入“双创”新时代，相关政策文本数量日益增加，有关创新创业政策的研究不应该仅停留于评价层次，而应该进行深入挖掘，通过准确大量的文本内容和可量化的统计模型进行深入分析。由此，基于文本基础对创新创业政策进行分析，将进一步明确我国创新创业的政策导向。

第二节　我国创新创业政策的分析工具及技术

一、我国创新创业政策分析工具梳理

进入21世纪，大数据、人工智能等成为新兴产业，第四研究范式促使大

数据驱动下的社会科学研究开始转型，人们开始研究如何将文本进行量化，但针对将创新创业政策文本进行量化分析的文献数量屈指可数。

吴爱萍等（2018）在扎根理论的基础上，提取了我国发布的45份相关政策文本的关键词，通过聚类分析以及多维尺度分析，识别政策的结构和特征。相关研究结果发现政策平台和基地建设等五大类政策关注点，同时发现众创空间政策与平台、基地建设政策的分离。

张永安等（2018）通过建立PMC指数模型，对10项一级指标和44项二级指标进行政策量化评价后发现，国家级"双创"政策效果优于部委"双创"政策效果，部委"双创"政策效果优于地区"双创"政策效果；通过"双创"PMC指数，可以为政策提升路径的确定指明方向，同时为政策的修改与增补提供数据支持。

杨凯瑞等（2019）通过对我国2003—2017年国务院和国家16部委的"双创"政策文本的相关数据进行分析后认为，"双创"政策在文本形式上具有多样性和指导性，在制定主体上具有强权威性和弱协调性，在主题关联上具有全面性和合理性，在政策工具使用上具有多元性和间接性等特征。

综上所述，虽然学者对创新创业量化分析的研究样本、研究角度各有不同，但是其均为创新创业政策文本的量化研究提供了指导，对后续相关研究具有一定的借鉴意义。

二、我国创新创业政策分析技术简介

自然语言处理（NLP）是指凭借高速的计算机设备以及有效算法，对文本信息进行数字化处理，然后进行分析、抽取语义并完成指定分析工作。随着互联网的发展，文本数据大量产生，因此自然语言处理的能力在一定程度上反映了人工智能水平。由于英语具有天然语言分词优势，这使英语在处理相关数据时较为方便。然而，中文在自然语言处理领域缺乏高质量与大数量的语料信息，且受中文本身语言形式的影响，没有天然的分词断句结构，因此中文的自然语言处理发展较落后。许多研究者开发了中文分词工具，如HanLP、结巴分词、LTP、THULAC、Stanford CoreNLP、FudanNLP等开源工具，以及百度 NLP、腾讯文智、阿里云 NLP、BosonNLP 等商业工具，中文的自然语言处理正在逐步发展。

中文自然语言处理的发展催生了文本挖掘技术。从文本中获取隐含知识，即文本挖掘，这类研究始于 1990 年左右，其经历了从最初的处理非结构化文本，到处理半结构化网页，再发展到报告、文献等特殊的非结构化文本的过程。例如，Longqi Qi 和 Jiong Gao 等（2018）通过文本挖掘对清江旅游品牌、MOOC 学习者在讨论区的行为进行研究、评价。

随着自然语言处理和文本挖掘技术的成熟，我国学者逐渐使用文本挖掘技术对互联网新闻话题（曹牧原，2018）、战略导向识别及组合模式（雷沐坤，2017）、研究主题群识别与趋势（许秋雪，2018）以及“中国制造 2025”地区行动计划（孔德婧等，2017）等内容进行研究。由于文本挖掘技术在很多领域均获得重大研究成果，因此学术界对政策文本量化分析的需求不断增加。学者开始尝试将文本挖掘技术应用于政策文本的内容分析。例如，刘晓彤（2018）对我国国家创业政策主题的演变性与协调性进行了分析；王婷婷等（2017）针对“21 世纪海上丝绸之路”文献的文本进行了文本挖掘研究。同时，随着政策文本量化研究的不断深入，屈家安和刘菲（2018）通过可视化对国家创新创业研究热点与趋势进行了分析。

回顾相关研究历程可以发现，政策文本挖掘的“量”与“质”均需要进一步提升。从“量”来看，政策文本挖掘类的研究较少；从“质”来看，目前政策文本挖掘的研究视角主要分布在信息抽取、信息聚类、信息分类以及降维等方面。由于文本主题挖掘在语义价值和降维方面具有重要作用，因此将其应用于政策文本的分析以实现主题抽取将更具研究价值。

（一）结巴分词

结巴分词实质上是中文分词模块，由中国程序员开发，目前源码托管在 GitHub 上。结巴分词的原理是通过 Tries 树结构扫描词图，生成汉字可能的组成情况，再通过 DAG（有向无环图）的动态规划，查找最大概率路径，对未登录的词汇，则采取隐马尔可夫模型中的 Viterbi 算法进行计算。

（二）LDA 主题模型

LDA 模型（Latent Dirichlet Allocation）由 Blei 等（2003）率先提出，该模型在文本数据挖掘和处理中具有极其重要的作用。LDA 是 PLSA（Probabilistic Latent Semantic Analysis），即概率潜在语义分析模型的贝叶斯拓展，其本质是层次贝叶斯模型。LDA 模型可以挖掘文本中隐含的主题结构属性，得到文档在主题上的概率分布，进而对文本进一步分析，如主题分类、相似度判断等。

第三节　我国创新创业政策的发布现状

自 2014 年李克强总理在达沃斯论坛上演讲提出“大众创业、万众创新”开始，我国进入“双创”时代。考虑创新创业政策具有一定的时效性，为了更好地把握我国的创新创业政策，本部分以 2015—2019 年我国的创新创业政策为研究对象进行梳理，相关政策文本主要来自国务院等中央部委的官方网站，发布单位均为国家级单位。

为保证文本的精确性、权威性和代表性，本部分按照以下原则收集政策文本。

①收集政策文本的发布单位为中央政府等国家级单位，省级及以下单位、相关地区性的政策文本不纳入收集范围。②政策文本的内容应与创新创业紧密相关，收集的文件名称中应包含“创新创业”或“双创”这类关键词。具体政策文本的收集和研究范畴如表 1.1、图 1.1 所示。

表 1.1　2015—2019 年创新创业政策文本样本

编号	名称	发布时间	发布机关	发文字号
1	国务院办公厅关于发展众创空间推进大众创新创业的指导意见	2015 年 3 月 11 日	国务院办公厅	国办发〔2015〕9 号

续表

编号	名称	发布时间	发布机关	发文字号
2	国务院办公厅关于深化高等学校创新创业教育改革的实施意见	2015 年 5 月 13 日	国务院办公厅	国办发〔2015〕36 号
3	国务院关于大力推进大众创业万众创新若干政策措施的意见	2015 年 6 月 16 日	国务院	国发〔2015〕32 号
4	国务院办公厅关于同意建立推进大众创业万众创新部际联席会议制度的函	2015 年 8 月 20 日	国务院办公厅	国办函〔2015〕90 号
5	国务院关于加快构建大众创业万众创新支撑平台的指导意见	2015 年 9 月 26 日	国务院	国发〔2015〕53 号
6	国务院办公厅关于建设大众创业万众创新示范基地的实施意见	2016 年 5 月 12 日	国务院办公厅	国办发〔2016〕35 号
7	国务院办公厅关于支持返乡下乡人员创业创新促进农村一二三产业融合发展的意见	2016 年 11 月 29 日	国务院办公厅	国办发〔2016〕84 号
8	国务院办公厅关于建设第二批大众创业万众创新示范基地的实施意见	2017 年 6 月 21 日	国务院办公厅	国办发〔2017〕54 号
9	国务院关于强化实施创新驱动发展战略进一步推进大众创业万众创新深入发展的意见	2017 年 7 月 27 日	国务院	国发〔2017〕37 号
10	国务院关于推动创新创业高质量发展打造“双创”升级版的意见	2018 年 9 月 26 日	国务院	国发〔2018〕32 号
11	人力资源社会保障部关于支持和鼓励事业单位专业技术人员创新创业的指导意见	2017 年 3 月 10 日	事业单位人事管理司	人社部规〔2017〕4 号

续表

编号	名称	发布时间	发布机关	发文字号
12	国家发展改革委办公厅关于请协助做好国家创新创业政策信息服务网建设有关工作的通知	2018年6月6日	国家发展改革委办公厅	发改办高技〔2018〕652号
13	国家发展改革委办公厅关于开展2017年中央地方创新创业联合研究课题申报的通知	2017年2月13日	国家发展改革委办公厅	发改办高技〔2017〕250号
14	国家发展改革委办公厅关于开展2017年中央地方创新创业联合研究课题有关研究工作的通知	2017年6月13日	国家发展改革委办公厅	发改办高技〔2017〕1034号
15	国家发展改革委办公厅关于做好第二批大众创业万众创新示范基地建设工作的通知	2017年6月23日	国家发展改革委办公厅	发改办高技〔2017〕1111号
16	国家发展改革委 中国科协关于共同推动大众创业万众创新工作的意见	2015年12月24日	国家发展改革委；中国科协	发改高技〔2015〕3065号
17	国家发展改革委关于做好2018年全国大众创业万众创新活动周筹备工作的通知	2018年9月17日	国家发展改革委	发改高技〔2018〕1360号
18	国家发展改革委关于做好2017年全国大众创业万众创新活动周筹备工作的通知	2017年7月6日	国家发展改革委	发改高技〔2017〕1275号
19	关于促进东北老工业基地创新创业发展打造竞争新优势的实施意见	2015年6月26日	国家发展改革委；科技部；人力资源社会保障部；中科院	发改振兴〔2015〕1488号
20	农业部办公厅关于加强农民创新创业服务工作促进农民就业增收的意见	2015年3月30日	农业部办公厅	农办加〔2015〕9号
21	农业部关于实施推进农民创业创新行动计划（2015—2017年）的通知	2015年7月27日	农业部	农加发〔2015〕3号

续表

编号	名称	发布时间	发布机关	发文字号
22	国土资源部　发展改革委　科技部　工业和信息化部　住房城乡建设部　商务部关于支持新产业新业态发展促进大众创业万众创新用地的意见	2015 年 9 月 1 日	土地管理司	国土资规〔2015〕5 号
23	知识产权局　财政部　人力资源社会保障部　中华全国总工会　共青团中央关于印发《关于进一步加强知识产权运用和保护助力创新创业的意见》的通知	2015 年 9 月 7 日	知识产权局　财政部；人力资源社会保障部；中华全国总工会；共青团中央	国知发管字〔2015〕56 号
24	工业和信息化部关于公布 2018 年度国家小型微型企业创业创新示范基地名单的通告	2018 年 11 月 15 日	工业和信息化部	工信部企业〔2018〕238 号
25	工业和信息化部关于印发《国家小型微型企业创业创新示范基地建设管理办法》的通知	2016 年 6 月 2 日	中小企业局	工信部企业〔2016〕194 号
26	工业和信息化部关于做好推动大众创业万众创新工作的通知	2015 年 5 月 19 日	信息化和软件服务业司	工信部企业〔2015〕167 号
27	工业和信息化部办公厅关于做好小微企业创业创新基地城市示范有关工作的通知	2015 年 10 月 20 日	工业和信息化部办公厅	工信厅企业函〔2015〕739 号
28	国家发展改革委办公厅关于做好 2015 年全国大众创业万众创新活动周组织筹备工作的通知	2015 年 10 月 8 日	国家发展改革委办公厅	发改办高技〔2015〕2576 号
29	质检总局关于助推大众创业万众创新的意见	2016 年 3 月 29 日	质检总局	国质检办〔2016〕155 号
30	工业和信息化部办公厅　财政部办公厅关于发布支持打造大中小企业融通型和专业资本集聚型创新创业特色载体工作指南的通知	2019 年 4 月 22 日	工业和信息化部办公厅；财政部办公厅	工信厅联企业函〔2019〕92 号

续表

编号	名称	发布时间	发布机关	发文字号
31	工业和信息化部　财政部关于举办2019年“创客中国”中小企业创新创业大赛的通知	2019年3月7日	工信部；财政部	工信部联企业〔2019〕58号
32	工业和信息化部关于公布2017年度工信创新创业奖学金获奖名单的通知	2018年5月15日	工业和信息化部	工信部人函〔2018〕134号
33	工业和信息化部关于举办2018年“创客中国”创新创业大赛的通知	2017年12月4日	工业和信息化部	工信部企业函〔2017〕552号
34	工业和信息化部关于公布2016年度工信创新创业奖学金获奖名单的通知	2017年3月15日	工业和信息化部	工信部人函〔2017〕110号
35	工业和信息化部办公厅关于举办2016年“创客中国”创新创业大赛的通知	2016年8月16日	中小企业局	工信厅企业函〔2016〕539号
36	工业和信息化部办公厅关于组织开展2017年制造业“双创”平台试点示范项目申报工作的通知	2017年6月14日	工业和信息化部办公厅	工信厅信软函〔2017〕366号
37	工业和信息化部关于印发《制造业“双创”平台培育三年行动计划》的通知	2017年8月1日	工业和信息化部	工信部信软〔2017〕194号
38	工业和信息化部办公厅关于组织开展2018年制造业“双创”平台试点示范项目申报工作的通知	2018年6月28日	工业和信息化部办公厅	工信厅信软函〔2018〕221号
39	工业和信息化部办公厅关于公布2018年制造业“双创”平台试点示范项目名单的通知	2018年11月14日	工业和信息化部办公厅	工信厅信软函〔2018〕365号

续表

编号	名称	发布时间	发布机关	发文字号
40	农业部办公厅　中国农业发展银行办公室关于政策性金融支持农村创业创新的通知	2017 年 11 月 23 日	农业部办公厅 中国农业发展银行办公室	农办加〔2017〕29 号

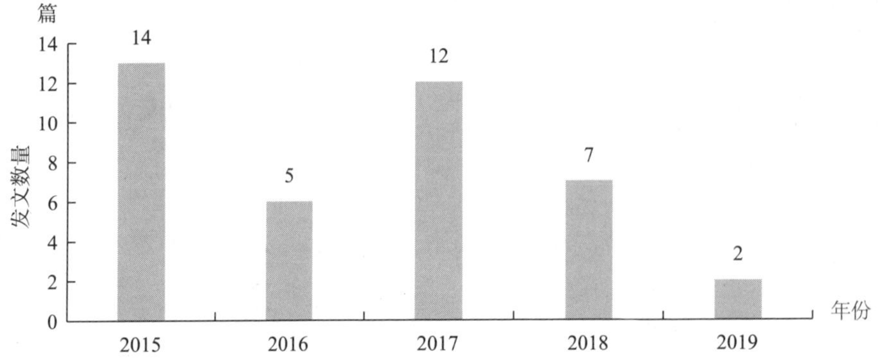

图 1.1　2015—2019 年我国创新创业政策文本数量统计

李克强总理在 2015 年的政府工作报告中正式提出“双创”概念，希望通过创业实现创富进而改善社会民生；通过创业推动创新，进而化解就业压力。自 2015 年以来，我国制定实施了一系列新的创新创业政策，为“双创”提供了政策保障。我国深入实施创新驱动发展战略的成效明显，创新能力不断提升，为推动高质量就业与快速发展提供了强大动力。从 2017 年开始，参与“双创”的部门逐渐增多，形成了政府各部门间互动的局面。同时，各部门逐渐制定并细化有关“双创”执行的相关文件，具体涉及农业部、国土资源局、国家发展改革委等多个部门。

第四节　我国创新创业政策的高频词汇分布

根据 2015 年我国创新创业政策文本高频词分析的结果（见表 1.2），“企业”和“农民”是政策文件中被提及次数最多的政策主体，同时“知识产权”、“服务”和“平台搭建”等词的关注度较高。由此可见，2015 年我国正式以国家文件形式提出“双创”概念时，政府更重视企业和农业的发展，以及政策、服务、平台建设等问题，明确体现了政策领域对创新创业的支持态度。

表 1.2　2015 年我国创新创业政策文本高频词前 10 位相关信息

词汇	词频	词汇	词频
1. 创业	816	6. 农民	154
2. 创新	725	7. 知识产权	133
3. 企业	216	8. 政策	117
4. 支持	189	9. 改革	113
5. 服务	167	10. 平台	103

根据 2016 年我国创新创业政策文本高频词分析结果（见表 1.3），示范基地建设、平台搭建以及返乡、下乡是国家重点引导的方向。相比其他年份，2016 年更强调人的作用，无论是科研人员的双向流动机制，下乡人员的培训与金融支持，专职创新创业服务人员、技术人员离岗创业，还是基地管理人员资质认证，均体现了人才在创新创业过程中的重要作用。

表 1.3　2016 年我国创新创业政策文本高频词前 10 位相关信息

词汇	词频	词汇	词频
1. 创业	241	6. 示范	108
2. 创新	220	7. 双创	83
3. 企业	181	8. 建设	76
4. 基地	119	9. 人员	64
5. 服务	110	10. 支持	62

根据 2017 年我国创新创业政策文本高频词分析结果（见表 1.4），2017 年我国更重视平台和示范基地建设，包括创新创业平台、科研院所专业化平台、政府平台、服务平台、支撑平台、电商平台、平台型众创空间、网络安全监测平台、电子税收平台、成果转化平台、交流平台等的建设，其目的是为创新创业提供便利通道、营造实践落地环境。通过示范基地和孵化基地的建设，探索创新创业试点改革方法，推广创新创业的试点改革经验。

表 1.4　2017 年我国创新创业政策文本高频词前 10 位相关信息

词汇	词频	词汇	词频
1. 创新	367	6. 示范	103
2. 创业	316	7. 支持	94
3. 企业	157	8. 项目	91
4. 双创	140	9. 基地	89
5. 平台	113	10. 建设	88

根据 2018 年我国创新创业政策文本高频词分析结果（见表 1.5），2018 年我国着重关注工业发展。在搭建好各类平台、继续创新创业基地建设的同时，想要加快工业化发展，不仅要从政策层面提升创新创业的服务能力，还要通过工业提高国家的基础实力。

表 1.5　2018 年我国创新创业政策文本高频词前 10 位相关信息

词汇	词频	词汇	词频
1. 创新	216	6. 支持	41
2. 创业	182	7. 平台	39
3. 企业	66	8. 改革	39
4. 示范	51	9. 建设	39
5. 工业	47	10. 基地	36

根据 2019 年我国创新创业政策文本高频词分析结果（见表 1.6），2019 年关于“中小企业”的词频统计高于“创业”，且 2019 年更加强调载体，如“大中小企业融通型”“专业资本集聚型”“创新创业特色载体”，其目的是打造和培育更多“专精特新”企业，推动中小企业朝着专业化、精细化方向发展，实现大中小企业融通发展，推动龙头企业在载体中与中小企业互利共赢，打造资本积聚载体，形成“投资 + 孵化”的资本融合机制。

表 1.6　2019 年我国创新创业政策文本高频词前 10 位相关信息

词汇	词频	词汇	词频
1. 创新	59	6. 服务	34
2. 中小企业	53	7. 大赛	33
3. 创业	50	8. 特色	26
4. 载体	45	9. 工业	24
5. 企业	34	10. 资源	22

第五节　我国创新创业政策的年度主题演化

一、发文时间序列结果

根据词频统计，本书制作了2015—2019年创新创业政策文本的高频词走势（见图1.2）。从图1.2可以发现，2015年的词汇重点为“创新”、“创业”和“企业”，这在宏观层面为创新创业的发展指明了基本的发展方向和思路。2016年的重点词汇为“基地”，这说明该年度更加注重示范基地建设，并以基地建设为依托，对创新创业的中小企业建设给予实际扶持。2017年更强调“示范”作用，通过树立典型，以点带面，在全社会形成创新创业的良好风尚；推动各种“平台”搭建，为创新创业提供更加完善的服务，为创新创业提供服务支撑。2018年着重强调建立工业互联网、工业平台等内容，进而引导工业企业互联网化。2019年，“中小企业”是国家的重点扶持对象，国家通过打造“载体”，促进大中小企业的交流与互助，帮助中小企业快速成长，打造“小而精”且具有竞争力的中小企业。

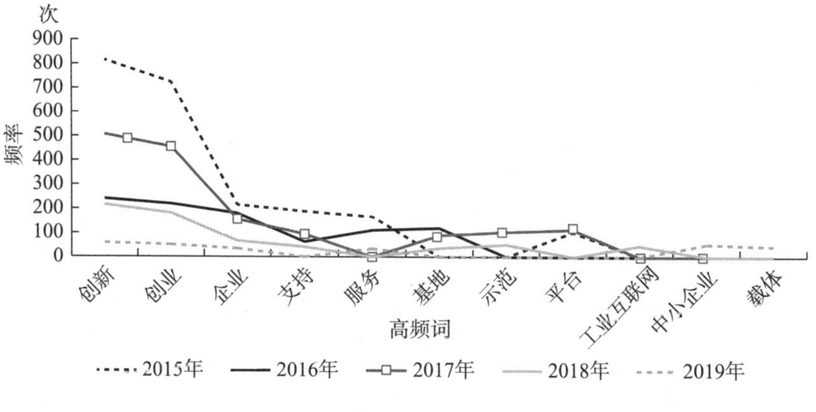

图1.2　2015—2019年我国创新创业政策文本高频词走势

二、政策主题演化分析

本部分通过LDA模型对政策文本数据进行主题选取、划分和释义等研究。

根据文本年份，设置 5 个主题，通过 500 次训练迭代，最终将政策文本划分为 5 个主题，每个主题设置 6 个关键词，通过关键词探讨相对应的主题内容。研究结果见表 1.7 和图 1.3。

表 1.7　文档—主题分布统计

Doc	topic
0	3
1	1
2	2
3	4
4	0

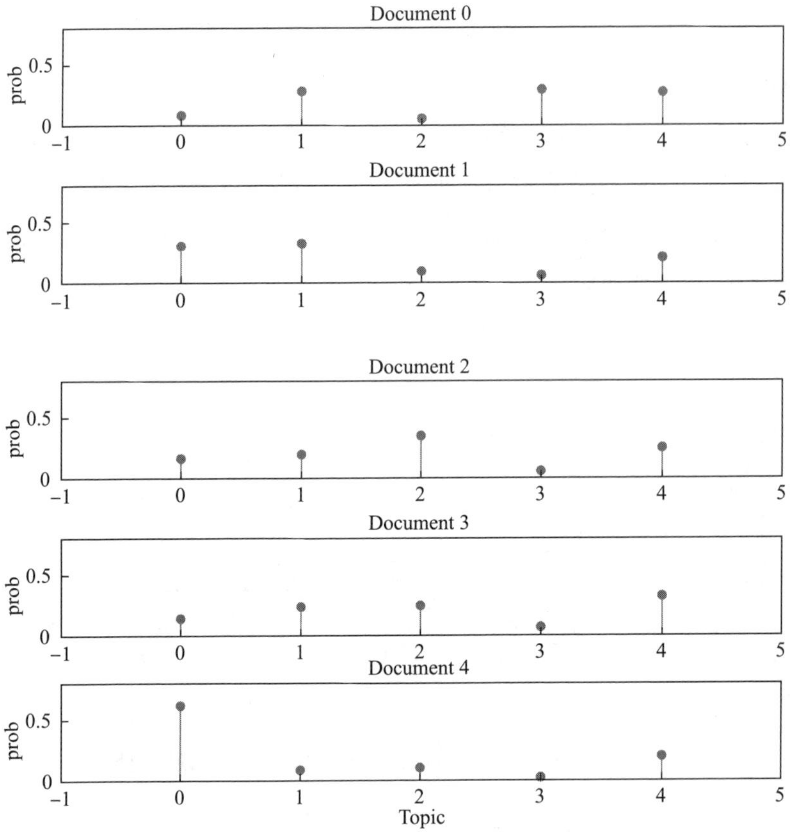

图 1.3　文档—主题分布

依据图1.4、表1.8所示的相关主题词标记结果来看，2015年文档最大概率属于topic 3，2016年文档最大概率属于topic 1，2017年文档最大概率属于topic 2，2018年文档最大概率属于topic 4，2019年文档最大概率属于topic 0。

相关主题词标记结果如图1.4、表1.8所示。

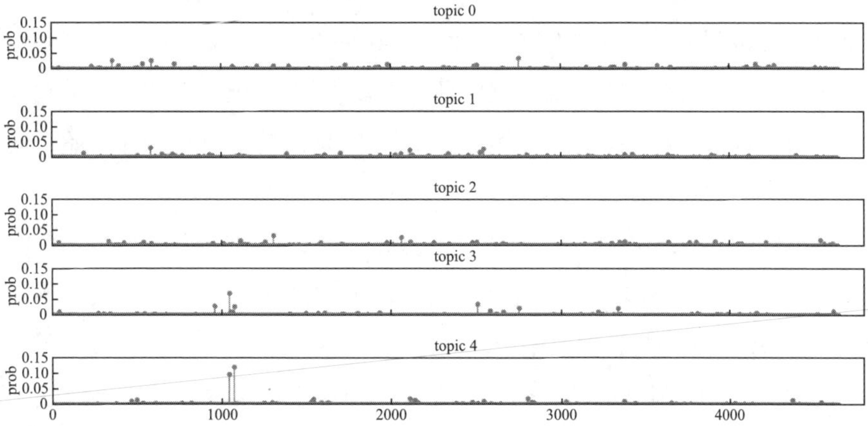

图1.4　主题词分布

表1.8　主题词标记

编号	年份	主题词1	主题词2	主题词3	主题词4	主题词5	主题词6	主题内涵
topic 0	2019	企业	服务	中小企业	资源	技术	管理	中小企业（融合载体搭建）
topic 1	2016	企业	政策	建设	改革	大众创业	万众创新	政策与改革（政策完善）
topic 2	2017	双创	平台	项目	制造业	中国	单位	制造业发展平台（打造中国制造）
topic 3	2015	创业	支持	农民	创新	知识产权	服务	支持与服务（总方向）
topic 4	2018	创新	创业	建立	机制	国家	产业	产业机制（体制机制完善）

通过分析 2015 年发布的政策以及各大主流媒体的评论可知，2015 年作为创新创业元年，我国政府颁布的文件多以指导性文件为主，明确了如何创新、如何创业，表明了政府对创新创业的态度，为创新创业提供相关支持。从主题词标记来看，国家对农民问题十分关注，农业在创新创业方面取得了不少成果，2015 年也被称为“农资电商元年”，多家农资类上市公司开始尝试向大农资平台转型，这正是国家政策引导产生的结果。与此同时，国家对知识产权非常重视，只要创新创业过程中具有“新事物”，就一定要保证其存在的合法性与所有者权益。因此可以发现，2015 年是创新创业布局的开始，同时借此发展机遇鼓励农业进一步发展。

2016 年，国家明确提出，既要改革发展，也要完善政策。早在 2015 年 11 月，习近平总书记提出要“在适度扩大总需求的同时，着力加强供给侧结构性改革”。2016 年 1 月，国家基于此提出相关改革要点，如审批程序改革、监管模式改革、管理制度改革、国有企业改革、商事制度改革等。同时强调完善政策体系、突破政策障碍、统筹政策链、营造双创政策环境、政策具体化、政策落地等。由此，在 2015 年明确总方向的前提下，2016 年国家不断出台鼓励政策、营造创新创业环境、推进改革，为创新创业提供政策保障。

2017 年的政策重点是，各单位联合研究课题，打造“双创”平台、建设示范基地和鼓励制造业发展。从这些政策内容来看，国家开始发力试点建设、平台建设。同时，制造业开始成为推动发展的政策发力点，这也是为“中国制造 2025”做好铺垫。因此，2017 年是制造业在实践层面进一步探索的一年，着重尝试平台搭建与培育。

2018 年，在 2016 年与 2017 年试点尝试的基础上，总结发展经验，不断地完善体制机制，努力将科技成果转化为现实生产力；加强市场监管，建立完善的人员评价机制和人才服务机制，搭建信息共享与合作机制。从 2015—2018 年的发展历程来看，我国政府在创新创业发展上的基本思路为：指引总方向（2015 年）—完善基本政策与提供基本保障服务、开始试点发展（2016 年）—着力进行示范基地建设与制造业平台搭建（2017 年）—进一步完善体制机制（2018 年）。

2019年创新创业政策的发展主体依然为中小企业，政策主要强调资源、技术与服务。结合相关文件及通知可以发现，2019年我国着力打通中小企业互动融通渠道以及积聚专业化特色化的资本。

第六节　我国创新创业政策对企业未来发展方向的影响

第一，农业和中小企业的发展依然是我国政府重要支持的主体，尤其不可忽视农业的发展问题。2015年“双创”概念被提出之初，我国就在关注农业主体的发展问题，未来在制造业发展与大中小企业融通型载体发展的背景下，国家将会为农业发展提供更多便利。

第二，“人员”这个词汇是2016年度高频词汇，也是2018年完善体制机制主题中的重要部分，因此，在未来发展中企业更加重视人才的培养。在实现大中小企业融通以及专业资本集聚时，技术人员的发展也将更加稳定，因此人才问题是企业长远发展必须思考的因素之一。

第三，我国创新创业政策基本呈现“政策—实践—完善政策—再实践”的发展逻辑，因此，适应政策发展趋势、紧抓发展机遇，对企业的快速成长是十分必要的。

第二章　河南省创新创业政策文本分析

第一节　河南省创新创业政策的发布现状

考虑创新创业政策具有一定的时效性，为更好地把握河南省的创新创业政策，本部分主要分析河南省人民政府和河南省人民政府办公厅的相关政策文本。

为保证文本的准确性、权威性和代表性，同时考虑政策文本内容与创新创业紧密相连，本部分主要收集文件名称中包含“创新”“创业”“双创”字样的文件，且名单公示类文件不纳入分析范围。最终纳入研究范畴的文本共有36个，具体内容如表2.1所示。

表2.1　2015—2019年河南省创新创业政策文本样本

编号	名称	发文字号	发布时间	发布单位
1	河南省人民政府办公厅关于促进政府投融资公司改革创新转型发展的指导意见	豫政办〔2015〕9号	2015年1月28日	河南省人民政府办公厅
2	河南省人民政府关于创新重点领域投融资机制鼓励社会投资的实施意见	豫政〔2015〕14号	2015年3月11日	河南省人民政府
3	河南省人民政府办公厅转发关于2015年持续深入实施就业创业服务体系完善工程意见的通知	豫政办〔2015〕59号	2015年5月6日	河南省人民政府办公厅

续表

编号	名称	发文字号	发布时间	发布单位
4	河南省人民政府办公厅关于进一步激发高校科技创新活力提高支撑经济社会发展能力的实施意见	豫政办〔2015〕152号	2015年12月8日	河南省人民政府办公厅
5	河南省人民政府办公厅关于促进创业投资和产业投资基金发展的通知	豫政办〔2015〕160号	2015年12月28日	河南省人民政府办公厅
6	河南省人民政府办公厅关于印发河南省简化优化公共服务流程方便基层群众办事创业工作方案的通知	豫政办〔2016〕10号	2016年2月2日	河南省人民政府办公厅
7	河南省人民政府办公厅关于印发2016年河南省助力大众创业工作方案的通知	豫政办〔2016〕51号	2016年4月27日	河南省人民政府办公厅
8	河南省人民政府办公厅关于转发2016中国（郑州）制造业与互联网融合创新高峰论坛总体方案的通知	豫政办〔2016〕140号	2016年8月18日	河南省人民政府办公厅
9	河南省人民政府办公厅关于转发郑洛新国家自主创新示范区科技成果转化引导基金实施方案的通知	豫政办〔2016〕224号	2016年12月28日	河南省人民政府办公厅
10	河南省人民政府办公厅关于印发河南省农民工返乡创业示范县评审认定办法（试行）等三个办法的通知	豫政办〔2017〕25号	2017年1月25日	河南省人民政府办公厅
11	河南省人民政府办公厅关于促进创业投资持续健康发展的实施意见	豫政办〔2017〕29号	2017年2月10日	河南省人民政府办公厅
12	河南省人民政府办公厅关于创新管理优化服务培育壮大经济发展新动能加快新旧动能接续转换的实施意见	豫政办〔2017〕93号	2017年8月19日	河南省人民政府办公厅
13	河南省人民政府关于做好当前和今后一段时期就业创业工作的实施意见	豫政〔2017〕33号	2017年10月12日	河南省人民政府

续表

编号	名称	发文字号	发布时间	发布单位
14	河南省人民政府办公厅关于创新农村基础设施投融资体制机制的实施意见	豫政办〔2017〕145号	2017年11月28日	河南省人民政府办公厅
15	河南省人民政府办公厅关于促进产业集聚区和开发区改革创新发展的实施意见	豫政办〔2017〕159号	2017年12月12日	河南省人民政府办公厅
16	河南省人民政府办公厅关于郑洛新国家自主创新示范区核心区与省直部门建立直通车制度的实施意见	豫政办〔2018〕24号	2018年4月18日	河南省人民政府办公厅
17	河南省人民政府办公厅关于印发国家技术标准创新基地（郑洛新）建设方案的通知	豫政办〔2018〕51号	2018年9月17日	河南省人民政府办公厅
18	河南省人民政府办公厅关于积极推进供应链创新与应用的实施意见	豫政办〔2018〕75号	2018年12月29日	河南省人民政府办公厅
19	河南省人民政府办公厅关于印发河南省“十百千”转型升级创新专项实施方案的通知	豫政办〔2019〕11号	2019年1月31日	河南省人民政府办公厅
20	河南省人民政府关于加快产业集聚区提质转型创新发展的若干意见	豫政〔2015〕42号	2015年7月21日	河南省人民政府
21	河南省人民政府关于进一步做好新形势下就业创业工作的实施意见	豫政〔2015〕59号	2015年8月31日	河南省人民政府
22	河南省人民政府关于促进经济技术开发区转型升级创新发展的意见	豫政〔2016〕36号	2016年6月6日	河南省人民政府
23	河南省人民政府关于促进加工贸易创新发展的实施意见	豫政〔2016〕37号	2016年6月7日	河南省人民政府
24	河南省人民政府办公厅关于支持农民工返乡创业的实施意见	豫政办〔2016〕135号	2016年8月4日	河南省人民政府办公厅
25	河南省人民政府关于表彰河南省农民工返乡创业之星的通报	豫政〔2016〕54号	2016年8月24日	河南省人民政府

续表

编号	名称	发文字号	发布时间	发布单位
26	河南省人民政府办公厅关于推动实体零售创新转型的实施意见	豫政办〔2017〕91 号	2017 年 8 月 18 日	河南省人民政府办公厅
27	河南省人民政府关于加快建设国家生物育种产业创新中心的若干意见	豫政〔2019〕9 号	2019 年 4 月 4 日	河南省人民政府
28	河南省人民政府关于实施创新驱动提速增效工程的意见	豫政〔2019〕4 号	2019 年 2 月 7 日	河南省人民政府
29	河南省人民政府办公厅关于支持大中型工业企业开展大众创业万众创新的若干意见	豫政办〔2016〕206 号	2016 年 12 月 13 日	河南省人民政府办公厅
30	河南省人民政府办公厅关于支持返乡下乡人员创业创新促进农村一二三产业融合发展的实施意见	豫政办〔2017〕21 号	2017 年 1 月 22 日	河南省人民政府办公厅
31	河南省人民政府办公厅关于支持大众创业万众创新基地建设的实施意见	豫政办〔2017〕28 号	2017 年 2 月 10 日	河南省人民政府办公厅
32	河南省人民政府关于强化实施创新驱动发展战略进一步推进大众创业万众创新深入发展的实施意见	豫政〔2018〕8 号	2018 年 2 月 22 日	河南省人民政府
33	河南省人民政府关于大力推进大众创业万众创新的实施意见	豫政〔2016〕31 号	2016 年 5 月 19 日	河南省人民政府
34	河南省人民政府办公厅转发省科技厅省财政厅关于发展众创空间推进创新创业工作政策措施和关于推进金融资本与科技创新相结合政策措施的通知	豫政办〔2016〕15 号	2016 年 2 月 17 日	河南省人民政府办公厅
35	河南省人民政府办公厅关于深化高等学校创新创业教育改革的实施意见	豫政办〔2016〕59 号	2016 年 5 月 3 日	河南省人民政府办公厅
36	河南省人民政府关于发展众创空间推进大众创新创业的实施意见	豫政〔2015〕31 号	2015 年 5 月 16 日	河南省人民政府

根据表2.1可知，2015—2019年河南省共发布了36份以“创新”或“创业”或“双创”为标题的政策文件。具体地，2015年发文8份，其中河南省人民政府办公厅发文4份、河南省人民政府发文4份；2016年发文数量最多，为12份，其中河南省人民政府办公厅发文8份、河南省人民政府发文4份；2017年共发文9份，其中河南省人民政府办公厅发文8份、河南省人民政府发文1份；2018年共发文4份，其中河南省人民政府办公厅发文3份、河南省人民政府发文1份；截至2019年6月1日共发文3份，其中河南省人民政府办公厅发文1份、河南省人民政府发文2份（见图2.1）。

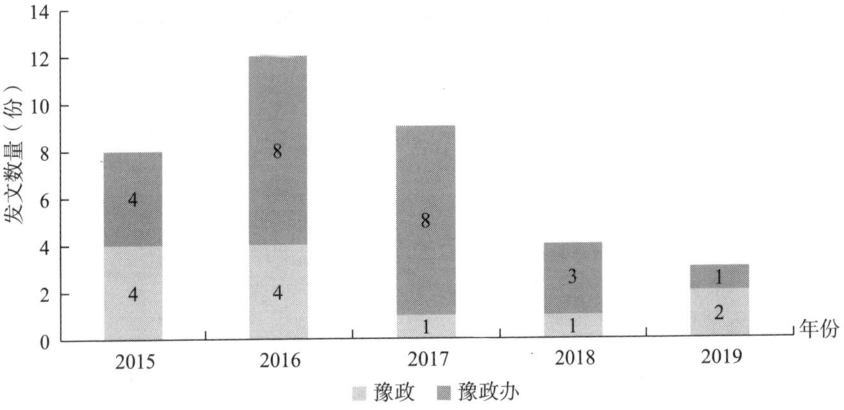

图2.1　2015—2019年河南省创新创业政策文本数量统计

第二节　河南省创新创业政策的高频词汇分布

根据2015年河南省创新创业政策文本高频词分析结果，“创业”和“就业”是政策文件中出现频率最高的政策主题词，“产业”“企业”“创新”次之。与2015年我国创新创业政策文本高频词相比，河南省的创新创业政策很少提及“农民”这一主体，被提及的主体分别是“企业”和“政府”。由此可见，2015年河南省更加重视企业与政府之间的协调配合（见表2.2）。

表 2.2　2015 年河南省创新创业政策文本高频词前 10 位相关信息

词汇	词频	词汇	词频
1. 创业	351	6. 政府	206
2. 就业	301	7. 服务	189
3. 产业	292	8. 建设	171
4. 企业	251	9. 投资	160
5. 创新	221	10. 集聚	151

根据 2016 年河南省创新创业政策文本高频词分析结果，河南省开始逐步重视“创新”这一概念，“创新”居 2016 年河南省政策文本高频词汇的第二名；同时在强调企业的同时，更加重视“农民工”问题（见表 2.3）。虽然河南是农业大省，但是外出务工人员较多，关注“农民工”这一问题，要比单纯关注“农民”更加贴近河南实际发展情况。

表 2.3　2016 年河南省创新创业政策文本高频词前 10 位相关信息

词汇	词频	词汇	词频
1. 创业	724	6. 支持	179
2. 创新	499	7. 建设	153
3. 企业	335	8. 科技	114
4. 基金	209	9. 农民工	112
5. 服务	184	10. 河南	109

根据 2017 年河南省创新创业政策文本高频词分析结果，延续 2016 年的发展思路，河南省一方面继续强调创新创业；另一方面号召“返乡”创业、“返乡”就业，注重建设与服务，支持农民工返乡（见表 2.4）。

表 2.4　2017 年河南省创新创业政策文本高频词前 10 位相关信息

词汇	词频	词汇	词频
1. 创业	523	6. 产业	246
2. 创新	353	7. 服务	235
3. 企业	343	8. 支持	215
4. 建设	297	9. 就业	196
5. 返乡	249	10. 政府	179

根据2018年河南省创新创业政策文本高频词分析结果，河南在“创业”的基础上更加注重“创新”，同时，更加注重“供应链”建设、示范基地建设，使多项服务更加标准化（见表2.5）。

表2.5　2018年河南省创新创业政策文本高频词前10位相关情况

词汇	词频	词汇	词频
1. 创新	191	6. 基地	58
2. 企业	101	7. 标准化	53
3. 供应链	92	8. 服务	53
4. 建设	83	9. 产业	50
5. 支持	66	10. 中心	47

基于2019年6月已发布的河南省创新创业政策文本可以发现，河南对“创业”这一概念提及的频率有所降低，对“创新”“技术”“产业”更加关注，这也与我国提倡的“质量提升”有关（见表2.6）。

表2.6　2019年河南省创新创业政策文本高频词前10位相关情况

词汇	词频	词汇	词频
1. 创新	284	6. 单位	81
2. 科技	135	7. 研发	78
3. 产业	88	8. 建设	78
4. 技术	85	9. 中心	77
5. 支持	84	10. 项目	72

第三节　河南省创新创业政策的年度主题演化

一、发文时间序列结果

根据词频统计，本书绘制了河南省2015—2019年创新创业政策文本的高频词走势。如图2.2所示，2015年的词汇重点为“就业”、“产业”、“政府”

以及“聚集”，这从宏观角度体现了河南省整合现有资源，以促进就业；2016年“创新”和“创业”最受关注；2017年更重视“建设”和“支持”，这从总体上强调了政府的“协调”“帮助”作用，而非“主导”作用。2018年与2019年在高频词汇上，均无明显的标志词汇，但总体是以“创新”、“建设”和“支持”为基调的。

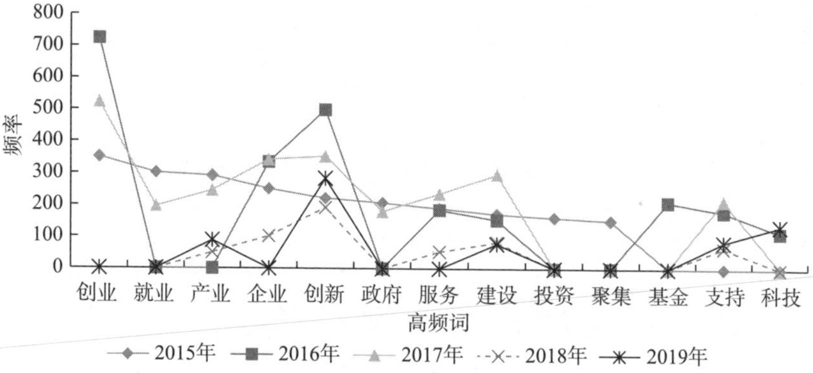

图 2.2 2015—2019 年河南省创新创业政策文本高频词走势

二、政策主题演化分析

本部分通过LDA模型对河南省相关创新创业政策文本数据进行主题选取、划分和释义等研究。根据文本年份，设置5个主题，通过500次训练迭代，最终将5年政策文本划分为5个主题，每个主题设置了6个关键词。具体研究结果如表2.7、图2.3所示。

表 2.7 文档—主题分布统计

Doc	topic
0	3
1	4
2	0
3	2
4	1

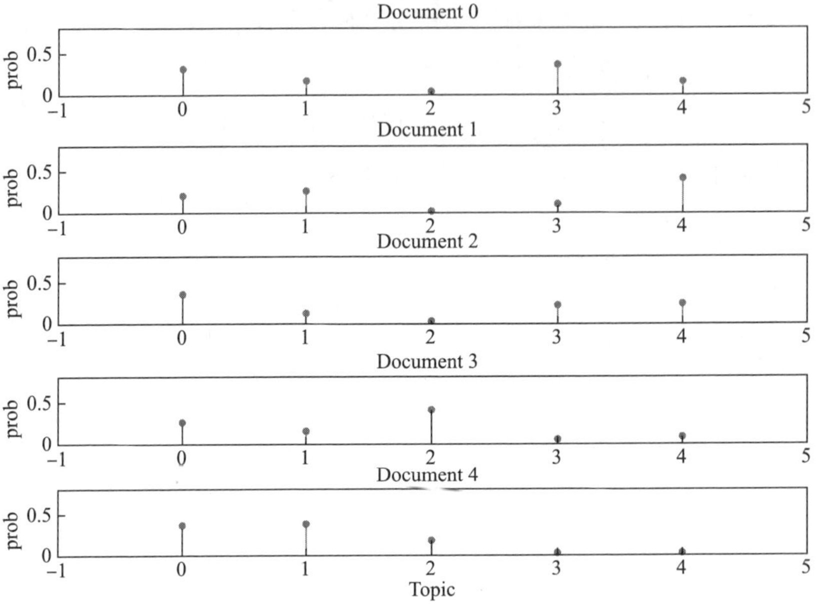

图 2.3　文档—主题分布

根据图 2.4 和表 2.8 所示的主题词标记结果来看，2015 年文档最大概率属于 topic 3；2016 年文档最大概率属于 topic 4；2017 年文档最大概率属于 topic 0；2018 年文档最大概率属于 topic 2；2019 年文档最大概率属于 topic 1。

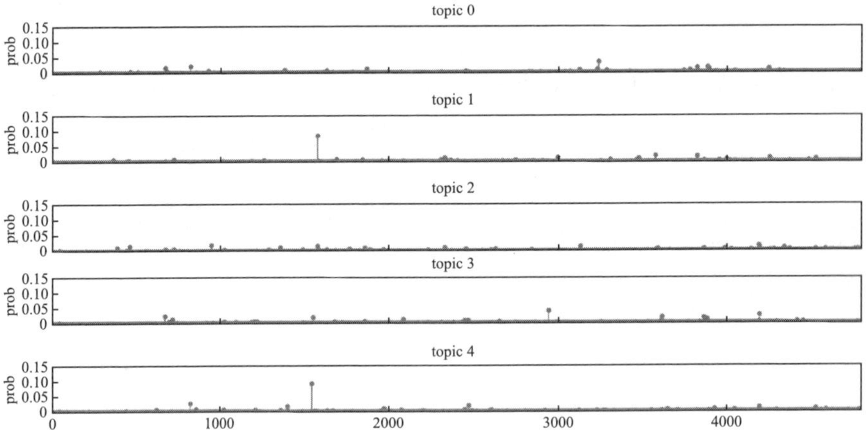

图 2.4　主题词分布

表 2.8 LDA 主题词标记

编号	年份	主题词 1	主题词 2	主题词 3	主题词 4	主题词 5	主题词 6	主题内涵
topic 0	2017	建设	企业	产业	政府	支持	项目	政府和企业共同推动发展（完善机制，指引方向）
topic 1	2019	创新	科技	技术	支持	工业	国家	科技助力工业发展
topic 2	2018	供应链	创新	有限公司	农业	郑新洛	国家	资源整合（地区资源与行业资源整合）
topic 3	2015	就业	服务	产业	集聚	投资	高校	就业与服务（总方向）
topic 4	2016	创业	返乡	基金	农民工	服务	河南	返乡创业（农民工发展问题）

2015 年作为创新创业元年，当国家政策落实到河南省时，研究应更关注其落脚点。2015 年，河南省创新创业政策多以就业创业服务体系的完善为主，同时提出部分发展策略，包括产业升级、产业投融资、产业集聚等。

2016 年河南省创新创业政策主要关注农民工返乡创业问题，同时关注创业投资引导机制、金融服务市场、鼓励社会资本申报、参股创业投资基金和科技型中小企业创业投资引导基金等问题。

2017 年河南省创新创业政策的重点是通过政府支持，帮助企业更好地发展。其具体包括示范园区的申报，通过示范作用带动产业发展；创新管理办法，提高政府效能，加强监管制度。总体来讲，2017 年是河南省相关政策机制趋于完善的一年，进而促进企业和经济的良性发展。

2018 年河南省从行业角度建立集生产、加工、流通和服务等于一体的供应链体系，以多种方式形成紧密的供应链利益共同体，推动制造企业应用现代信息技术，建立完善的研发设计、生产制造、售后服务的全链条供应链体系，推动供应链上下游企业实现协同工作，推动企业打造供需对接、资源整合的供应链协同平台，并且在金融方面对供应链给予基金和融资支持。

2019 年河南省创新创业政策的发展主要体现在工业上，强调技术与创新，政策走向是更加注重工业技术和创新发展。

第四节　国家政策与河南省政策发展对比分析

一、高频词结果对比分析

2015 年排在我国创新创业政策高频词前 10 的分别是："创业""创新""企业""支持""服务""农民""知识产权""政策""改革""平台"；2015 年排在河南省创新创业政策高频词前 10 的分别是："创业""就业""产业""企业""创新""政府""服务""建设""投资""集聚"。

2016 年排在我国创新创业政策高频词前 10 的分别是："创业""创新""企业""基地""服务""示范""双创""建设""人员""支持"；2016 年排在河南省创新创业政策高频词前 10 的分别是："创业""创新""企业""基金""服务""支持""建设""科技""农民工""河南"。

2017 年排在我国创新创业政策高频词前 10 的分别是："创新""创业""企业""双创""平台""示范""支持""项目""基地""建设"；2017 年排在河南省创新创业政策高频词前 10 的分别是："创业""创新""企业""建设""返乡""产业""服务""支持""就业""政府"。

2018 年排在我国创新创业政策高频词前 10 的分别是："创新""创业""企业""示范""工业""支持""平台""改革""建设""基地"；2018 年排在河南省创新创业政策高频词前 10 的分别是："创新""企业""供应链""建设""支持""基地""标准化""服务""产业""中心"。

2019 年排在我国创新创业政策高频词前 10 的分别是："创新""中小企业""创业""载体""企业""服务""大赛""特色""工业""资源"；2019 年排在河南省创新创业政策高频词前 10 的分别是："创新""科技""产

业”“技术”“支持”“单位”“研发”“建设”“中心”“项目”。

从高频词对比来看，2015—2019 年，河南省政策中对创新词汇提及的频率逐步升高。国家政策中“创新”这一词汇频率的排名一直靠前，而河南省政策中“创业”这一词汇的排名逐渐靠后，这说明随着时间的推移，河南省内初创企业数量日趋饱和，创业浪潮逐渐减退，进入高质量发展阶段。

二、整体发展思路对比分析

关于国家创新创业政策，从 2015—2018 年的发展线索来看，我国政府在创新创业发展上的基本思路为：指引总方向（2015 年）—完善基本政策与提供基本保障服务并开始试点发展（2016 年）—着力建设示范基地与搭建制造业平台（2017 年）—进一步完善体制机制（2018 年）。

但落实到具体省份时，可能在主题上会有所差别。2015 年，河南省的政策主要提及创业和就业两个问题。2016 年，河南主要解决农民工返乡创业的问题，这是基于河南省的实际状况确定的政策方向；同年我国创新创业政策中提及的主体之一便是农民。河南作为农业大省，也是农民工对外输出大省，面对人才外流，想要促进省内经济发展，应号召农民工返乡，实现人才回流。2017 年，河南从企业和政府两个角度，不断完善政策机制，一方面基于发展遗留问题，进一步完善政策；另一方面，为新兴行业的企业发展提供指导意见和服务支持。2018 年，对河南省的创新创业发展来说，是资源整合的一年，既包括行业供应链的整合，也包括地区示范区联动发展的资源整合。对企业来说，资源整合可以进一步打通上下游资源，节约发展成本、提高效益；对地区来说，资源整合可以进一步发挥地区优势，加快联动发展，形成区域带动效应。2019 年，河南省更加重视工业创新与技术进步。

三、河南省政策与国家政策关系的分析

第一，从河南省政策的发展线索来看，在河南省政策中对创新提及相对较少，将重点放在创业和就业方面，这是通过创新带动创业、通过创业带动就业，将国家政策落实到省内区域的具体体现。

第二，从国家政策与河南省政策的发布和实施时间来看，2015 年国家政策提及的两个主体分别是企业和农民，河南省 2016 年随即出台了农民工返乡创业等鼓励性政策文件，这将农业问题与河南省实际相结合，号召农民工返乡创业，一方面可以使人才回流促进创新；另一方面人员的回流将进一步通过需求增加拉动经济增长。

第三，国家政策的调整是按照一定的发展路线进行的，当落实到具体省份时，这一发展路线依然适用。

第三章　我国创新创业政策的绩效评价研究

第一节　政策绩效的评价方法及相关研究

政策绩效评价是一项公共管理制度，用来评价政府业绩与效果。政府绩效评估成为新公共管理的重要内容，也是国家治理现代化的基本内容（王礼鑫，2015）。创新创业作为我国的重要政策，一经发布就得到政府的高度重视与跟踪管理；创新创业绩效评价也因此得到众多学者的关注。在中国知网数据库中检索“主题 = 创新创业 and 主题 = 绩效评价”的文献，共检索出相关文献 173 篇，其中期刊文献 78 篇。在创新创业政策逐步增多、政策覆盖面与侧重点日益繁杂的背景下，运用文献计量学方法，从学术文献视角对创新创业政策的绩效进行分析和评价是十分必要的。

创新创业的不断发展引发了学者的研究兴趣。研究发现，影响创新创业成功的因素主要有以下四个方面。一是政策影响。合适的政策能够为创新创业提供良好的宏观环境。田鸣等（2016）的研究表明，创新创业复合政策是影响创新创业协同联动的因素之一，是各国创新创业发展成败的关键。周勇等（2014）通过调研发现，融资信贷支持与政府激励引导是提高创新创业动机的最关键因素。二是创业教育。朱红和张优良（2014）研究发现，高校创业教育能显著提高学生的创业意向，并降低学生创业中的盲目和非理性因素，提升创业意向与所学专业的匹配程度。三是能力提升。李闻一和徐磊（2014）研究发现，在企业设立阶段，创业使用技能的掌握是影响其成功的关键。四是管理水平。罗公利等（2012）的研究表明，企业风险、市场环境、技术支持、竞争环境、企业家能力、企业管理水平、企业内部资源、企业与社会文化等对创业企业成长均具有影响。其中，企业资源、企业管理水平的影响最为显著。

学者对创新创业的研究涵盖范围广，研究较深入。其对创新创业影响因素的研究涵盖政策、教育以及实践等方面，提出许多行之有效的意见和办法。但很少有将政策、学术与实践三者相结合的相关研究。

政策评估的能力和水平往往可以反映政策咨询机构向政府建言献策的能力和水平。虽然我国公共政策评估起步较晚，总体上处于探索阶段，但公共政策评估是国家治理现代化必不可少的重要组成部分（李伟，2015）。

彭富国（2003）研究得出中国各省份创新政策效果、评价结果及各省份的政策效果排名，使政策效果更具体化，但其运用的专家打分制具有较大的主观性。张凌和王为（2008）采用了集对分析方法评价政策实际效果与目标效果的趋同程度，进而得出了评价结果。这样的评价方法比较客观，但对原始数据进行后期调整，影响了评价结果的准确性。因此，学者进一步对相关方法进行了改进。宁凌等（2011）在评价模型中加入 DEA 分析法，但在研究中发现政策绩效无法作为独立因变量进行单独评价，在评价结果中受到干扰且无法深入。随后，龚勤林和刘慈音（2015）将政策绩效从产业中独立出来，将创新政策分为三个维度，并通过三维分析框架对成都市创新政策进行了评价，此方法减少了对原始数据的干扰。张炜等（2016）使用多维度的方法评价了江浙沪三省的创新政策。其将创新政策分为三类，并从三个维度对三类政策进行了评价，得出以上三省的创新政策内部协同效果处于不稳定和不理想状态的结论。在对多个省份政策进行评价后，研究者继续扩大评价范围，对相关政策进行直接评价，突破地域的限制。叶朝辉等（2017）梳理了地方政府绩效评价方法，其中“3E”评价法、模糊综合评价法和标杆管理法均是较为成熟的绩效评价方法。

综上所述，学者围绕创新创业影响因素与政策绩效评价分别展开了深入的研究，但将创新创业与政策绩效评价相结合进行深入研究的屈指可数。在中国知网数据库中检索“主题 = 创新创业政策 and 主题 = 绩效评价”的所有文献，只检索出4篇期刊文献，且文献出版时间均在2016年以后，这表明创新创业政策虽然引起学者的注意，但是学者还未进行大规模的研究。因此本部分利用学术文献数据对创新创业政策进行绩效评价。学术文献数据具有原始数据完备、客观性较强的优点，且学术文献本身受政策的带动影响，是“双创”政策成果和绩效的一种展示，反映了“双创”政策的绩效特点，因而其量化评价精度更高。另外，文献计量的方法是基于政策情报进行的文本挖掘，实现了政策量化，避免了人为评价的主观性。

第二节　扩展的政策绩效评价方法：5E评价法

3E绩效评价法主要强调经济性、效益性和效率性，这是最初以经济学为重心的政府审计工作所采用的方法（叶朝辉、黄世英2017）。随着政府绩效评价需求的扩大，考虑经济指标量化的难度，且经济性在一些政策中难以量化，3E评价法逐渐演化，主要强调公平性、效益性和效率性。随着研究的逐渐深入，学者对3E评价法进行了改进。李金珊和王倩倩（2018）将3E原则完善为效率、公平、效果和可持续性四个方面。

本部分在3E评价法的基础上增加相关性和可持续性两个维度。其中，相关性旨在考察评价指标与评价内容的关系，即评价指标用来评价政策内容是科学的；可持续性指通过评价指标判断政策是否能够发挥持续效用。本部分在绩效评价方法中采取的5E评价法是在3E评价法的基础上进行的完善，借鉴前人的研究成果，将不同学者的4E评价法进行融合，形成相关性、效率性、效益性、公平性和可持续性的5E评价法。

本部分通过相关性、效率性、效益性、公平性和可持续性五个方面对创新创业政策进行评价，并分别采取回归分析、滞后性分析、发展趋势及侧重点分析、地域差异性分析以及时间序列预测的方法进行相关研究（见图3.1）。回归分析是确定两种或两种以上变量间相互依赖的定量关系的一种统计分析方法。本部分的相关性通过回归分析进行测度，其具体是指将政策文本与知网文献进行回归分析，以确保两者的相互关系，并通过学术文献进行政策绩效评价。效率性主要通过经济指标反映，是指对政策投入与产出的比较。由于政策文本与学术文献中的经济指标难以量化，本部分尝试通过政府发布的相关政策和新增学术文献数量间的比较及时间序列中的滞后效应进行判断，将学术文献与政策文本的相关时间趋势进行对比，分析政策文本效果反馈到学术文献中的滞后期，以进一步分析政策的效率。效益性无法采用经济指标进行测度，只能通过政策文本发布前后的学术文献数量变化、政策文本与学术文献侧重点进行对比分析，通过学术文献变化从效益性角度衡量政策文本的效果。公平性是指政策的地域侧重性，本书以地域差异为评价方法，评价学术文献地域差异是否与政策重点关注区域之间存在一致性，即政策地域侧重点是否在学术文献中如实反映。可持续性是对创新创业能否持续得到政府关注进行的评价，其具体评价方法为，借助相关学术文献发布数量进行时间序列预测，推测未来学术文献发布数量以确定未来创新创业政策的热度。

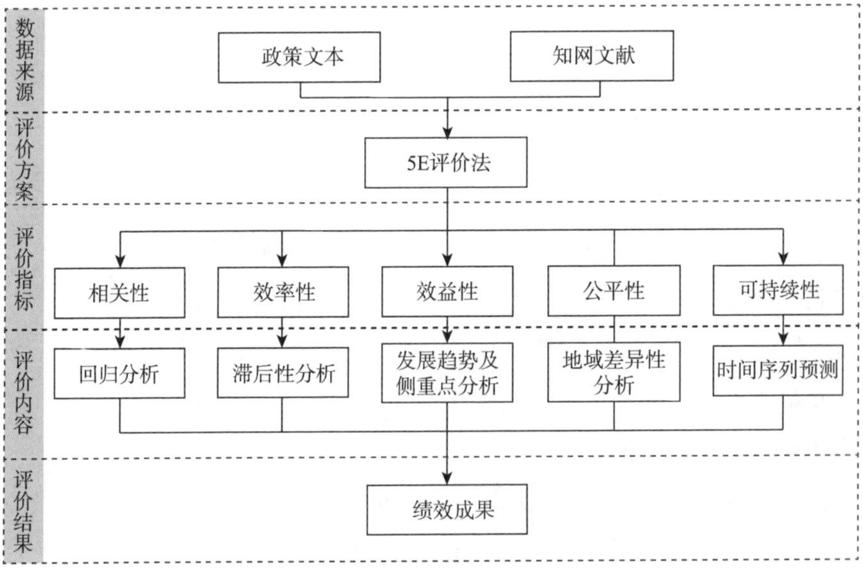

图 3.1　本章研究框架

第三节 基于5E评价的我国创新创业政策绩效评价

本研究以知网数据库为学术文献来源。对比其他数据库，知网数据库具有建库时间早、涵盖学科多、收集文献全的优势，所以本部分选取知网数据库的相关数据作为学术文献来源。在知网数据库中搜索条件为“关键词 = 创新创业”的所有文献，共有4554篇相关文献。

在收集政府文件数据时，以中国政府网、国家发展改革委、外交部、教育部、科技部、工业和信息化部、农业农村部的政府官方网站作为数据查询来源，在这些网站中分别搜索“标题 = 创新创业”，共得到6223篇相关文献。对相关文献进行数据的整理和筛选，筛除重复文献和不同来源的同一文献，共删去1756篇相同文献，保留4497篇独立文献。为保证政策文件与创新创业的高度相关性，再对这些独立文献进行进一步的相关性筛选，筛选条件为“关键词 = 创新 or 关键词 = 创业”，最终本书形成4497篇与创新创业高度相关的知网文献和2676篇创新创业政策文献。

本书分别从相关性、效益性、效率性、公平性、可持续性五个方面对创新创业政策进行绩效评价，分析我国创新创业政策的实施效果，并为我国未来的政策颁布等提出合理的意见及建议。

一、相关性

对学术文献进行政策绩效评价，首先要考虑学术文献与政策文本是否具有相关性，学术文献能否如实反映政策绩效。为了确保相关性，本书采取回归分析进行相关性分析。由于本书中的回归分析只涉及学术文献与政策文本两个变量的关系，因此采用一元线性回归进行分析。利用SPSS软件，将表3.1中的数据进行回归分析。以学术文献数量作为因变量，以政策文本作为自变量，进行一元线性回归分析。结果显示 $p < 0.05$，决定系数 $R^2 = 0.913$，调整后 $R^2 = 0.907$。$p < 0.05$，表明政策文本与学术文献之间具有依赖性，也说明可以通过学术文献的分析对政策文本进行解读。通过表 3.2 中的数据，最终得到回归方程为：政策文本数量 = −177.756 + 0.948 × 学术文献数量。

表 3.1　2003—2017 年相关学术文献和政策文本数量

年份	学术文献数量（篇）	政策文本数量（条）	年份	学术文献数量（篇）	政策文本数量（条）
2003	1	1	2011	166	283
2004	2	2	2012	274	404
2005	6	13	2013	419	582
2006	8	33	2014	607	767
2007	18	50	2015	1081	1524
2008	29	84	2016	2470	2285
2009	47	133	2017	4497	2676
2010	94	211			

表 3.2　学术文献回归分析

影响因素	回归系数（b）	标准误	标准化回归系数（β）	t 值	p 值
政策文本	1.369	0.127	0.948	10.783	0.000

二、效益性

本部分通过政策文本对学术文献的引领作用来体现相关政策的效益。引领作用体现在两方面：一是政策文本是否引导了学术文献的发展；二是政策文本是否与学术文献的侧重点相同。

本部分选取2003—2017年的政策数据与文献数据，得出政策及文献变化趋势（见图3.2）。

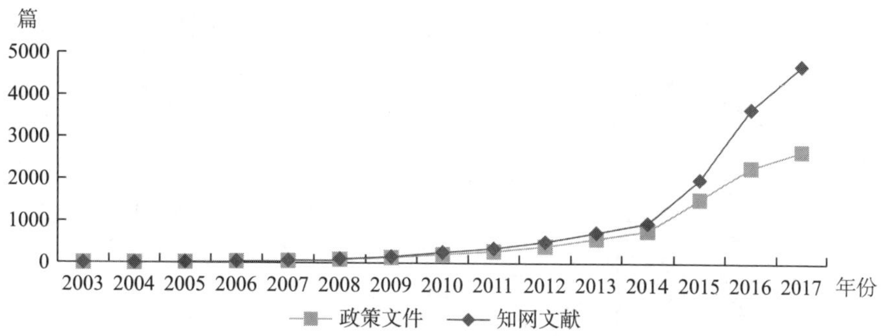

图3.2 创新创业政策及相关文献变化趋势

从图3.2中可以发现，政策数据与知网数据均呈逐年上升的趋势，学术文献增长幅度大于政策文本的增长幅度，但学术文献增长的时间滞后于政策文本的发布时间。这表明政策文本与学术文献的发展趋势相同，且政策文本影响并引领了学术文献的发展。创新创业政策在2015—2016年进入缓冲期，即这两年变化率持平。知网文献的变化幅度较大，其2017年的增长量较2016年大幅度下降，这说明知网文献对创新创业研究的热度较为集中，且后序跟进能力弱于政策文本。因此，需要学者对该领域的研究进行持续的关注。

本部分研究相关的关键词分析政策文本是否与学术文献的侧重点相同。提取政策文本关键词，以政策文本标题作为关键词来源，将政策文本标题进行分词，并进行词频排序，得到频率排名前10的关键词，见表3.3。从表3.3中可以发现，创新创业政策涵盖范围全面，涉及实践、科技与教育方面；可以通过相关词频的排序发现，创新创业政策对实践、科技与教育的重视程度排序为：先实践，科技次之，教育最后。本部分以期刊文献作为文献来源之一，去掉会议论文等干扰来源，共收集4417篇有效文献。根据国家期刊分类，将期刊文献分为普通期刊、核心期刊、CSSCI期刊，绘制图3.3。如图3.3所示，普通期刊占比为89%，核心期刊与CSSCI期刊分别占比6%与5%，占比较少。说明高层次期刊对创新创业文献收录较少，学者对创新创业的研究不够深入。

表 3.3 政策文本关键词

序号	关键词	出现次数/次	出现频率/%
1	创新	1792	3.6403
2	创业	1730	3.5143
3	发展	761	1.5459
4	改革	719	1.4606
5	大赛	479	0.973
6	科技	444	0.9019
7	国务院	438	0.8898
8	教育	390	0.7922
9	大学生	292	0.5932
10	人才	251	0.5099

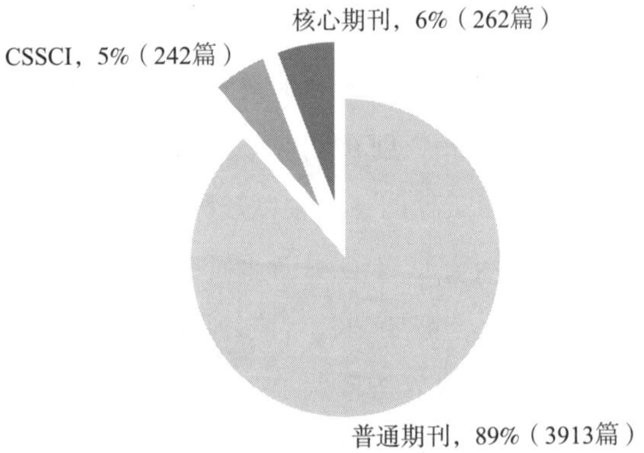

图 3.3 文献期刊分类

三、效率性

由于创新创业政策的实施效率无法通过准确数据进行测量与评价，所以本部分通过对政策文本与学术文献关键词的出现及发展过程的一致性进行政策效率性的评价。首先通过 CiteSpace 形成学术文献关键词生命周期，如图 3.4 所示。

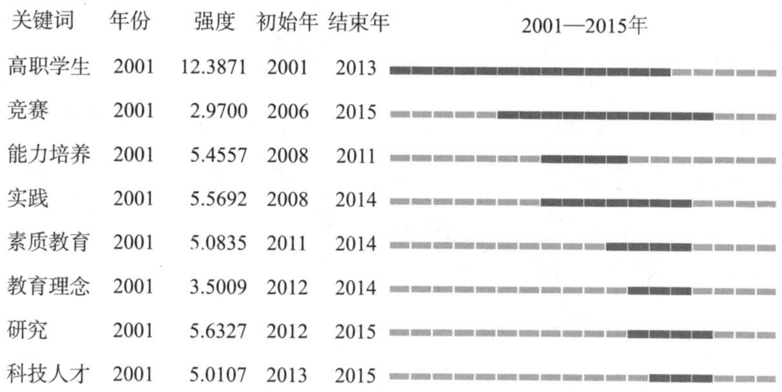

图 3.4 学术文献关键词生命周期

通过图 3.4 可以发现，学术文献涉及科技、实践、教育三个方面。选取排名第二的关键词“竞赛”作为评价对象，通过对单个关键词的政策和学术比较进行整体的分析与把握。在学术文献与政策文本中以“题目 = 赛”为筛选条件，分别得到 70 条学术文献和 599 条政策文本，将其出现的年份制成赛事频率图 3.5。从图 3.5 中可以发现，创新创业政策文件的出现早于创新创业学术文献的出现。

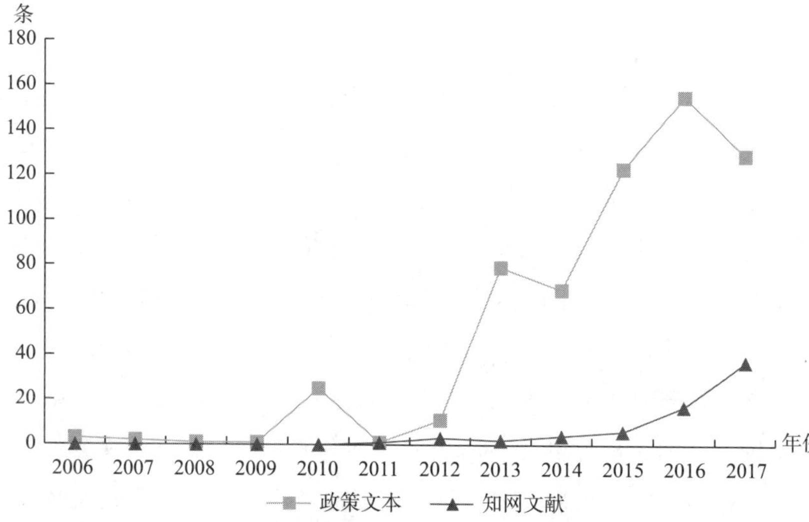

图 3.5 赛事频率

四、公平性

研究创新创业政策的公平性主要从地域公平性出发，考察政策文本与学术文献在不同地区的发文数量，以此判断政策文本是否具有地域公平性，且落实到学术文献上是否仍然具有此地域公平性。

创新创业政策具有较强的地域性，其关注度分布不均，一般东部地区“双创”政策关注热度较高、中部地区关注度较分散、西部地区关注度较低。本书在学术文献中以各省、自治区和直辖市名称为关键词进行筛选，形成文献地域分布柱状图，具体内容见图 3. 6。

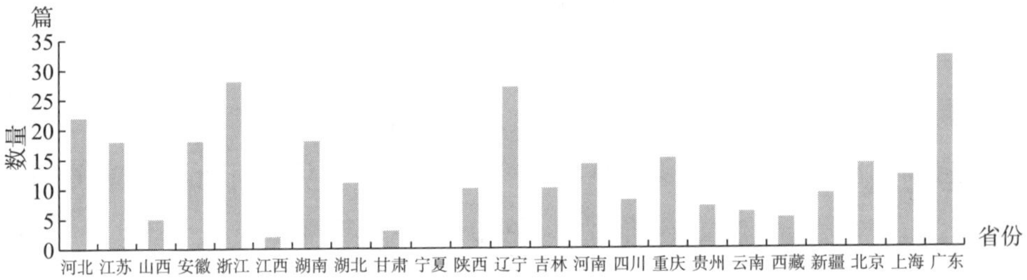

图 3. 6　各省、自治区、直辖市“双创”研究文献数量

利用 SPSS 软件将各省、自治区、直辖市知网的文献数量进行聚类分析，得到图 3. 7。通过聚类谱系图将数据分为三类，并通过各类相关文献数量的平均数进行排序确定第一热度、第二热度和第三热度省份，即发文数量多的地区为创新创业政策的高关注地区，属于第一热度地区；第二热度地区属于中度关注地区，说明这些地区具有相关文献的研究，但数量不多；第三热度地区属于低关注地区，这些地区相关发文较少或接近于零。通过分析可以发现，在地域公平性方面政策文本与学术文献存在差异性，政策文本的地域公平性并没有完全映射到学术文献中。如图 3. 8 所示，学术文献地域性中第二热度省份数量较多（图 3. 8 右侧），其余热度的省份数量较少，学术文献的地域结构呈橄榄形结构。通过政策文本和学术文献地域研究可以明显地发现，政策地域性分布较公平，但这种公平性并没有延续到学术文献中，所以创新创业

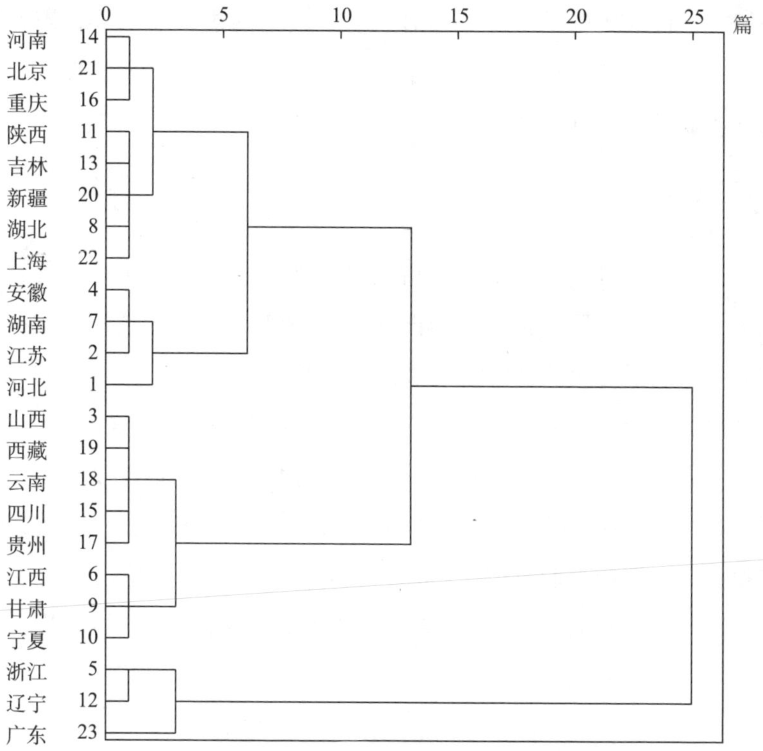

图 3.7　各省、自治区、直辖市“双创”文献研究聚类

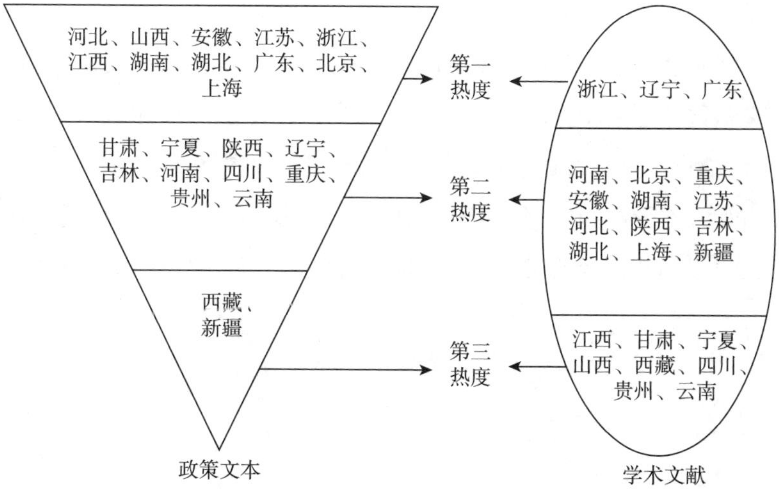

图 3.8　政策与文献地域结构分布

政策地域公平性的实施效果并不显著，需要政策的进一步引导；需要提高对经济欠发达地区的关注度。所以，学者要更多关注经济欠发达地区，为该类地区创新创业活动提供理论支撑。

五、可持续性

可持续性指测量创新创业能否持续受到政府关注，并在后续研究中发布更多相关的政策，以及这种政策走向能否影响相关学术文献的发文量。本部分采用时间序列进行政策文本及学术文献的可持续性预测。

首先进行政策文本可持续性预测，设政策文本指数曲线的趋势方程为：$Y_t = b_0 b_1^t$，其中 Y 为政策文本数量，N 为时间期数，t 为时间变量，b_0 和 b_1 为待定系数。为确定该指数曲线中的常数 b_0 和 b_1，采取线性化手段将其化解为对数直线方程，即两端取对数得：$\log Y_t = \log b_0 + t\log b_1$，然后根据最小二乘法原理，按直线方程的系数确定方法，得到求解 $\log b_0$ 和 $\log b_1$ 的标准方程，具体内容如下：

$$\begin{cases} \sum \log Y = N\log b_0 + \log b_1 \sum t \\ \sum t\log Y = \log b_0 \sum t + \log b_1 \sum t^2 \end{cases}$$

将相关数据进行求解，得到政策文本的指数曲线方程为：$Y_t = 13.396 \times 1.527^t$，将 $t = 15$ 代入趋势方程得到 2019 年政策文本数量预测值为 7665。同理，将文献数量数据代入趋势方程，得到学术文献指数曲线方程为：$Y_t = 3.124 \times 1.726^t$，将 $t = 15$ 代入趋势方程得到学术文献预测值为 11228。通过政策文本与学术文献在 2019 年的预测值可知，两者均在 2019 年具有较大幅度的增长，说明创新创业政策不论是发布还是实施，持续性均较好。

第四章　我国创新创业学术文献的现状及趋势分析

第一节　我国创新创业学术文献的研究领域：政策、教育和实践

一、我国创新创业学术文献研究的领域分析

2014 年被誉为“中国创业元年”，创新创业正式进入公众视野（张永安，2018）。随后，《关于大力推进大众创业万众创新若干政策措施的意见》和《关于加快构建大众创业万众创新支撑平台的指导意见》相继出台，国家“大众创业、万众创新”的顶层设计日趋完善。创新创业政策的发展和完善也促进了学者对创新创业的研究。其最初对创新创业的研究局限在学术或者教育领域。随着政策的不断完善，文献研究逐渐从教育层面拓展到政策研究层面，随后又拓展到实践研究层面。

创新创业文献研究领域的不断扩展带动了学者对文献本身的研究。田夏等（2014）运用文献计量法对我国创业教育的理论进行了研究；平和光和杜亚丽（2017）运用文献计量法对我国创新创业教育方面的现状进行了探究。这些研究有助于明确我国创新创业学术文献的研究现状，以帮助学者对创新创业进行更深层次的研究。近年来，大量相关文献涌现从不同角度研究了不同领域的创新创业形式，并提出意见和建议。总体而言，创新创业的相关研究主要集中在教育、政策文本等方面。

首先是教育方面。学者的相关研究从教育内部的创新开始。阚婧（2011）采取访谈、收集文献数据等方法对案例进行研究，提出创新创业教育文献的分类；进一步研究相关文献类型，以管理技巧和创造力要素为坐标分析创业者应具备的条件，并提出相应的建议。虽然这些研究对教育方面的创新考虑较为全面，但仅关注了教育本身，忽视了教育的本质是培养人才进而推动社会发展，忽视了教育与实践之间的联系。马永斌和柏喆（2015）通过“大学—政府—企业”教育生态网模式，对创新创业教育问题进行了分析，并提出相应的解决方法。这种模式创造性地将与培育人才有关的方面相结合，明确了其职责和目的。

其次是政策文本方面。学者通过不同的研究方式对不同政策内容进行了研究。黄侣蕾（2016）通过对长株潭三市创新创业政策文本的分析，明确了其创新创业政策涵盖的方面，并对其政策进行了共性分析；将其与国内外发达城市政策进行对比，得出其创新创业政策的不足并提出相应的优化建议。但黄侣蕾仅通过案例进行分析，并且以国外发达城市政策作为范本，忽视了中国的国情和城市之间发展状况的差异，具有一定的片面性。范柳等（2017）运用内容分析法对三大经济圈创业扶持政策进行对比分析，找出各经济圈的共性与差异，分析珠三角与长三角发展走向，并对山东半岛的发展提出一系列建议。范柳等的研究数据翔实、有理有据，但缺乏对政策文本的拓展，没有强调政策文本与其他领域的关联性。

二、我国创新创业政策及学术研究领域的侧重点分析

本部分通过提取的创新创业政策文本关键词，根据政策文本发布单位及文献文本关键词，将我国创新创业政策和相关文献分为教育、科技、农业和实践四大类，其分别用 $X1$、$X2$、$X3$、$X4$ 表示；运用多元统计学中的因子分析和聚类分析针对我国各地区的创新创业关注重点进行政策文本与研究文献比较分析，得出政策文本与相关文献的关系。其原始数据如表 4.1 所示。

表 4.1　创新创业各地文献汇总及文献因子得分

省份	X1	X2	X3	X4	FAC1 -1	FAC1 -2
福建	10	2	0	2	0.46130	-0.50237
北京	10	1	0	3	0.17119	-0.24159
河南	10	1	0	3	0.17119	-0.24159
江苏	11	2	0	5	1.21779	-0.23913
湖南	13	1	0	4	0.50594	0.03971
湖北	4	2	1	4	0.21909	0.98202
河北	18	0	1	3	-0.65310	2.32911
天津	10	4	0	3	1.76705	-0.83328
山西	4	1	0	0	-0.74015	-0.86775
辽宁	23	2	1	1	0.08197	2.17047
吉林	7	2	0	1	0.12655	-0.78368
黑龙江	17	1	0	0	-0.33755	0.07584
上海	2	4	0	6	2.24482	-1.2233
浙江	17	1	0	10	2.08086	0.71136
安徽	16	0	0	2	-0.41679	0.32759
江西	1	0	0	2	-0.88132	-0.76117
山东	12	0	1	3	-0.83891	1.89361
广东	27	3	0	2	1.51972	0.53433
广西	26	1	0	4	0.90853	0.98331
重庆	11	1	1	2	-0.57977	1.56024
四川	5	2	0	1	0.06461	-0.92885
贵州	6	1	0	0	-0.67821	-0.72259
云南	4	2	0	0	-0.20820	-1.06499
西藏	4	0	0	1	-1.03026	-0.60697
陕西	9	0	0	1	-0.87542	-0.24405
甘肃	3	0	0	0	-1.30307	-0.74311
青海	3	0	0	0	-1.30307	-0.74311
新疆	7	0	0	2	-0.69551	-0.32567
内蒙古	5	0	0	1	-0.99929	-0.53439

将表4.1中的数据导入数据分析软件SPSS，通过因子分析进行公因子方差的提取，如表4.2所示，公因子方差得分均在0.600以上，说明数据主要信息被提取，即因子分析结果有效。再进行主成分提取，处理数据得到成分矩阵。结果显示，成分矩阵中因子1在$X2$和$X4$上具有较高载荷量，即在科技和实践方面载荷量较高，因此称为“主成分因子”，并将因子1命名为科技实践因子。教育、农业方面在因子2上具有较高载荷量，因此称因子2为“农教改革因子”。通过表4.3成分矩阵得出表4.4成分得分系数矩阵。通过表4.4中的数据可以得出旋转后的因子得分函数：

$FAC1-1=0.219ZX1+0.621ZX2-0.208ZX3+0.529ZX4$；

$FAC1-2=0.513ZX1-0.230ZX2+0.689ZX3+0.139ZX4$

其中FAC1-1是因子1的得分，FAC1-2是因子2的得分，并由此可以得出各地区知网文献因子得分。从表4.1中可以发现，上海和浙江两地的因子1得分较高，均在2.00000以上，表明上海与浙江比较注重科技与实践；河北和辽宁在因子2上得分较高，表明河北与辽宁比较注重教育与农业。

通过文献数据分析可以推测，应当加强对农业的关注。从原始数据以及因子得分中可以看出，研究文献在农业方面的研究和关注均较少。农业是基础产业，农业方面的创新创业虽然难度较高，但是仍需重点关注，农业亟待创新创业的融入与推进。此外，研究文献多局限于教育方面。政策文本颁布的目的便是进行实践上的创新，进而拉动经济方面的增长。而研究文献却对教育改革方面关注过重。学者研究创新创业不仅要着眼教育本身，还要进行其他方面的相关研究。

表4.2　公因子方差

类别	初始	提取
$X1$	1.000	0.607
$X2$	1.000	0.669
$X3$	1.000	0.716
$X4$	1.000	0.608

注：提取方法为主成分分析法。

表 4.3 旋转后成分矩阵

类别	成分	
	1	2
$X1$	0.380	0.680
$X2$	0.797	-0.185
$X3$	-0.165	0.830
$X4$	0.734	0.262

注：①提取方法为主成分分析法；

②旋转方法为凯撒正态化四次幂极大法，旋转在 3 次迭代后已收敛。

表 4.4 成分得分系数矩阵

类别	成分	
	1	2
$X1$	0.219	0.513
$X2$	0.621	-0.230
$X3$	-0.208	0.689
$X4$	0.529	0.139

注：①提取方法为主成分分析法；

②旋转方法为凯撒正态化四次幂极大法。

第二节 我国创新创业学术文献研究现状分析

一、文献年份分析

本书对 2003—2017 年我国创新创业相关文献进行统计分析，共计 4554 篇。如图 4.1 所示，文献数量呈发展上升趋势，且 2014 年后，创新创业研究呈“爆炸式”增长，这是因为 2014 年李克强总理发出了“大众创业、万众创新”的号召。根据发文量，可以将 2003—2017 年划分为两个阶段：第一阶段为2003—2014年，此阶段为创新创业研究的初始阶段，这期间创新创业开始引起学术界的关注，但关注量较少；第二阶段为2014—2017年，此阶段为创新创业研究的发展阶段，相关研究成果有较大幅度的增加。

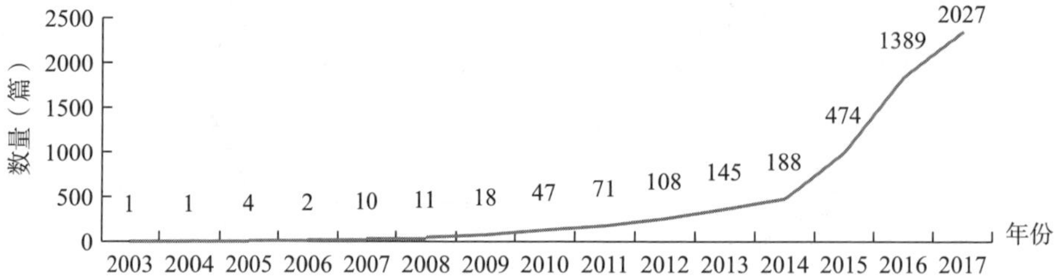

图4.1　2003—2017年我国创新创业文献数量变化趋势

二、文献类型分析

通过对创新创业文献类型的分析可以发现，相关期刊文献占比最大，教育期刊次之，说明创新创业教育受到学者较大程度的关注（见图4.2）。通过对创新创业期刊文献类型的分析可以发现，普通期刊的占比为90%，核心期刊与CSSCI分别占比5%（见图4.3）。说明创新创业研究水平有待提高。

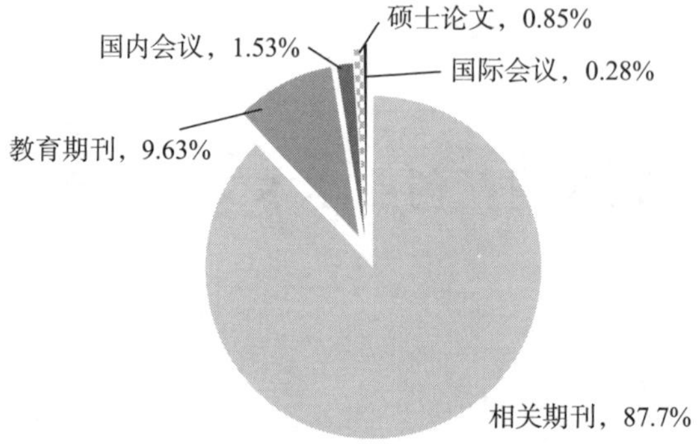

图4.2　创新创业文献来源类型及占比

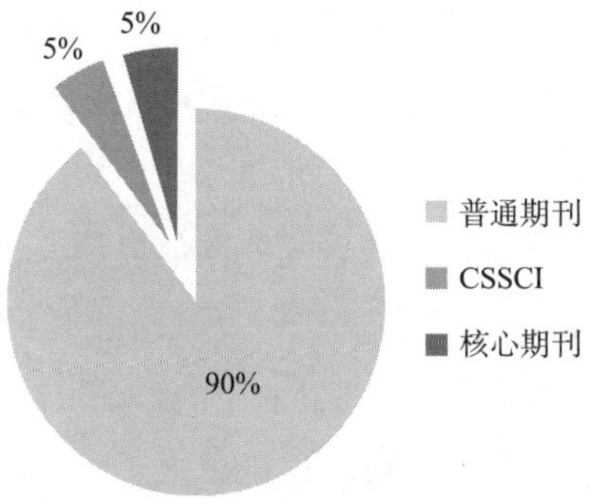

图 4.3　创新创业期刊类型及占比

在对相关文献进行关键词共现性分析时也可以发现，创新创业教育是学者研究的重点；大学生与创新创业联系紧密，共有 667 篇相关文献，说明创新创业教育在创新创业研究方面占有重要地位，是学者的关注重点，其注重大学生创新创业的人才培养，并且十分关注高校尤其是高职院校的创新能力建设。在高校人才培养方面，学者提出进行教学改革、实践教学与校企合作等建议和意见，可操作性较强，为教育创新提出新的思路。

三、关键词分析

频率（Frequency）和中心度（Centrality）是度量关键词重要程度的重要指标，出现频率与关注度呈正相关关系。一般而言，词汇出现的频率越高，表明其关注度越高。“中心度”的主要作用是测量节点的重要程度，中心度的值越大，说明节点越重要，该关键词被关注的程度越高。创新创业相关研究的关键词出现频率从高到低排序依次为：“创新创业”“大学生”“人才培养”“高职院校”“高校”“教育”“互联网 +”“实践教学”“人才培养模式”“教学改革”“教育模式”“高职”“课程体系”“培养模式”。在综合频率的基础上，本书将近几年创新创业研究的热点问题归纳为两个方面，即创新创业对人才需求的影响和人才需求的变动对高校培养模式的影响。

本书进行路径分析的主要目的是探讨创新创业相关研究的演进状况。本部分主要对 2003—2017 年的创新创业研究热点进行时区分析，以年度作为时区单位，利用 GraphViews 中的 Timezone 功能进行时区可视化分析。随着经济的不断发展、新经济增长点的拉动需求，学术界从 2003 年开始对创新创业进行研究；2007 年，相关研究集中在人才培养方面；随后几年的研究方向为培养模式以及教育方面；2016 年，随着互联网的发展，学者开始将创新创业的相关研究置于互联网的时代背景下，进行互联网背景下创新创业的研究。

本书运用 CiteSpace 软件 Visualization 中的 Citation - Burst History 功能，共获取 4 个突现词，记录其凸显系数及年份。由表 4.5 可知，高职学生研究的时间跨度相对较长，能力培养、浙江商业职业技术学院的研究时间跨度较短，这在一定程度上说明创新创业相关研究方向的转变速度不断加快。高职学生的培养作为以技术为主的培养方式，其与创新创业需求较相符，成为前期研究的重点；2008 年，能力培养和实践成为创新创业的研究热点；2010 年，“浙江商业职业技术学院”演变为创新创业研究的突现词，其原因是随着创新创业的不断发展，浙江商业职业技术学院为摆脱“低水平的高就业率”的人才培养现状，率先通过教学改革践行了创新创业教育。随着创新创业研究不断深入，教育改革研究将成为该领域的新趋势。

表 4.5　创新创业排名前 4 突现词统计

突现词	凸显系数	开始年份	结束年份
1. 高职学生	10.0613	2003	2012
2. 能力培养	5.4981	2008	2011
3. 实践	4.5495	2008	2013
4. 浙江商业职业技术学院	3.1750	2010	2012

四、核心发文作者分析

在核心作者方面，根据赖普斯定律计算创新创业研究的核心作者数量，本书的计算公式为：$M \approx \sqrt{0.749}N\max$，其中，$M$ 表示核心作者的发文数量，$N\max$ 表示发表文献数量最多的学者的发文量。根据该公式和表 4.6 的统计数据，N 的取值为 5，最终得出 M 值约为 1.98，向上取整数为 2，即认为发表文章数量超过 2 篇的作者为核心作者。根据统计分析，有关创新创业研究的核心作者共有 343 位，其中，雍莉莉、薛勇、李静发表文章数量最多，各有 7 篇（见表 4.6）。通过创新创业研究核心作者数量可知，创新创业核心作者数量较多，说明创新创业研究吸引了较多学者的关注。

表 4.6　排名前 10 的核心作者及其发文数量

核心作者及排名	发文数量（篇）	核心作者及排名	发文数量（篇）
1. 雍莉莉	7	6. 张妍	6
2. 薛勇	7	7. 刘菁华	6
3. 李静	7	8. 刘海燕	6
4. 郝杰	6	9. 刘军	6
5. 张琳	6	10. 陈丽	5

五、核心发文机构分析

在核心发文机构方面，本书应用赖普斯定律计算创新创业相关研究的核心机构，这些机构中最高发文数量为 61 篇；运用公式计算得到 M 值约为 5.85，向上取整数为 6，即认为发表文章数量超过 6 篇的机构为核心机构。根据统计分析可得，核心机构共有 29 个，其中山东协和学院发表文章数量最多，共 61 篇；辽宁对外经贸学院、广州工商学院发文各 15 篇，常州信息职业技术学院发文 13 篇，大连财经学院发文 12 篇（见表 4.7）。核心机构数量较多，说明创新创业得到大多数机构的关注，但发文数量排名靠前的机构均是以职业技术学院为主的机构，说明高职学院对创新创业教育实践的需求较高。

表 4.7　排名前 10 的核心机构及其发文数量

核心机构	发文数量（篇）	核心机构	发文数量（篇）
1. 山东协和学院	61	6. 宁波大红鹰学院	11
2. 辽宁对外经贸学院	15	7. 广东工业大学	11
3. 广州工商学院	15	8. 广西财经学院	10
4. 常州信息职业技术学院	13	9. 大连科技学院	9
5. 大连财经学院	12	10. 江苏农牧科技职业学院	9

六、结论与建议

通过分析与研究，可得出以下结论和相关建议。从文献分布来看，2014年之前发文数量平稳低速增长，但2014年后发文数量呈快速增长；相关研究领域主要集中在教育学科；具有基金资助的论文数量很少；发文期刊分布广泛，但高质量期刊所占比重较小。因此，后续必须加强创新创业的深入研究。从关键词分析来看，相关研究热点主要集中在人才需求和需求应对两个方面；研究视角趋向多元化，且研究前沿随社会发展不断变化，能够立足时代背景进行研究。从发文作者来看，雍莉莉、薛勇、李静等是大学生创新创业研究的核心作者，作者之间的合作关系以“分散式”为主。

第三节　我国创新创业学术文献区域分布状况

一、研究对象地域分布特征

为探索我国创新创业研究的发展历程，本部分收集CNKI中1973—2018年的创新创业研究文献，这几乎涵盖创新创业研究的整个发展历程。CNKI数据库以期刊、报纸、博士论文、硕士论文、国际会议、中国会议等为数据库信息来源。本部分收集上述类型相关数据，并归纳为报纸、期刊、硕博论文、会议，具体内容见表4.8相关统计信息。

本部分采用TI=（“创新创业”）的方式进行检索，放弃使用TI=（“创新or创业”）的方式，其原因在于，单独的创新或创业研究文献与创新创业相关程度不高，创新创业是指通过部分创新而进行的创业活动，将创新与创业相结合，而“创新or创业”将这两方面分割，所以，本部分以［TI=（“创新创业”）］为检索条件。在CNKI中检索共获得23734篇文献，再对这些文献进行数据整理，去除篇名或题名重复的文献，最终得到23686篇创新创业相关研究文献，因此，本部分主要对这23686篇文献进行分析。这些研究文献中主要用于计算分析的有标题（TI）、作者（AU）、摘要（AB）、出版物名称（SO）、发布年份（PY）和总时间引用计数（Z9）字段。

表 4.8 创新创业数据信息

单位：篇

数据来源	分类	时间	检索词	论文数量	下载日期
CNKI	报纸	1973—2018 年	[TI = （“创新创业”）]	1944	2018－11－22
	期刊			20713	
	硕博论文			369	
	会议			660	
	总数			23686	

本书首先明确我国创新创业研究对象的地域分布特征。为确保研究结果的准确性，本书对样本文献进行人工识别和筛选，具体筛选方式为（TI = “创新 and 创业” and “省 or 市”），最终得到 468 篇文献；以省级行政区域为分析单位，将研究市、区、县的文献人工归纳到所在省份，最终得到相关创新创业研究对象数量（见表 4.9）。

表 4.9 创新创业文献地域性分布

单位：篇

省份	研究对象文献数量	机构所在地文献数量	省份	研究对象文献数量	机构所在地文献数量	省份	研究对象文献数量	机构所在地文献数量
江苏	70	1858	福建	15	562	吉林	16	610
广东	17	1275	江西	7	459	北京	2	600
浙江	80	1127	四川	37	419	新疆	2	95
辽宁	8	1109	重庆	1	404	海南	1	82
黑龙江	62	880	上海	1	367	河北	17	586
湖南	10	742	天津	1	361	陕西	4	571
湖北	16	700	云南	1	177	宁夏	2	36
河南	17	676	贵州	7	160	内蒙古	11	117
山东	29	676	山西	5	153	安徽	18	630
广西	6	637	甘肃	5	143	总计	468	16212

分析结果显示，我国创新创业研究对象区域划分明显，呈现区域内带动发展的特点。省级行政区域分布方面，我国创新创业研究对象呈现区域分布不均衡、省际差异大、强弱分布空间跳跃的特点。区域关系方面，在均值和绝对差异上，东部、中部、西部地区逐渐递减；在相对差异上，东部、西部、中部地区依次递减，中部地区发展较均衡。

表4.9中各地区研究对象文献数量显示，创新创业在各地区的关注度不均衡、差异大。黑龙江、江苏、浙江三省为主要被研究省份，占比约45%，其中约17%的创新创业研究以浙江省作为对象，因为浙江省民营企业较多，2018年浙江省共有93家企业入围中国民营企业500强榜单，入围企业数量连续20年位居全国第一，所以其创新创业需求较大；在文化方面，浙江省独特的“浙商”传统，具有较多创新创业经验。此外，浙江省的相关政策支持力度也较大。

为明确区域具体差异性，本书在利用ArcGIS软件可视化研究对象地域性后发现，创新创业研究对象地域发展不协调，关注度省际差异大，强弱分布呈现空间跳跃的特点，具有较强关注度的地区主要集中在浙江、江苏、黑龙江、四川等省，西部地区除四川外受关注度普遍偏低。

为进一步考察创新创业研究对象的区域特征，本书的研究包括东部、中部、西部3个区域。如表4.10所示，均值呈现东部、中部、西部地区阶梯状递减的特点。标准差反映区域内分布绝对差异，即该区域内各省份的离散程度。观察标准差映射的绝对差异，从大到小排列依次为东部地区、中部地区、西部地区。基尼系数反映创新创业研究对象关注度的相对差异，其值越小说明相对差异越小。集中度指数考察创新创业研究对象的关注度分布状况，其值越大说明空间分布越不平衡。分析表4.10可知，基尼系数与集中度共同反映东部、西部、中部区域内部相对差异依次递减，表明中部地区各省份受关注度比较均衡；各集中度指数均大于60.00，表明创新创业状况受关注度集中在各区域中的某个省份。

表 4.10 创新创业研究对象关注度分区域统计

指标分类	东部地区	中部地区	西部地区
均值	21.91	18.88	7.60
标准差	8.39	6.40	3.41
基尼系数	0.60	0.39	0.57
集中度	81.82	75.00	80.00

根据样本数据，本书利用 SPSS 软件进行空间聚类，得到各省份受创新创业研究关注度的聚类结果（见图 4.4）。如表 4.11 所示，聚类分析结果将省域单元分为四类：第 1 类受关注度最高；第 2 类受关注度较高；第 3 类和第 4 类受关注度较低或低。值得注意的是，东部、中部、西部和东北四地区均具有层级带动式发展的特点。在东部地区，浙江、江苏属于受关注度最高的省份，且带动东部地区其他省市的受关注度。在东北地区，黑龙江省为科技资源大省，积累了一批高水准的高新技术成果，产业化极具潜力，是培育新的经济增长点、调整产业结构的重要地区，同时带动东北地区其他省份的受关注度。在西部地区，除四川省外，其他省市受关注度水平低。在中部地区，河南、湖北、安徽三省均衡发展，处于第 3 类别，而中部其他区域受关注度水平低。通过聚类分析发现，我国创新创业研究对象区域内层级划分明显，各区域内高受关注度省份带领其他省份提高受关注度的现象明显。

表 4.11 创新创业研究对象关注度区域分类

单位：个

类别	省份	数量
第 1 类	浙江、江苏、黑龙江	3
第 2 类	山东、四川	2
第 3 类	福建、吉林、湖北、安徽、广东、河南、河北	7
第 4 类	陕西、内蒙古、北京、广西、湖南、新疆、山西、天津、宁夏、甘肃、上海、贵州、辽宁、海南、云南、江西、重庆	17

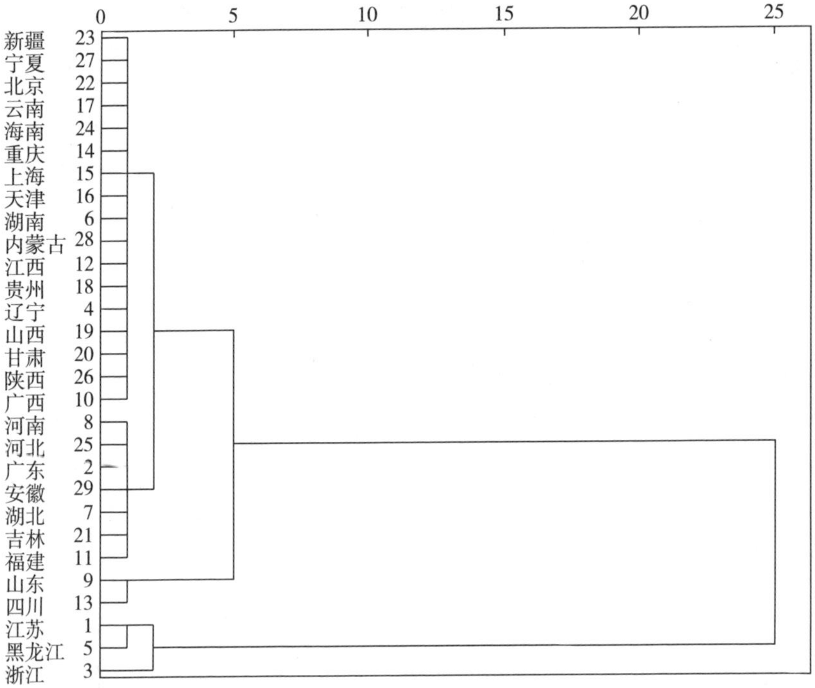

图 4.4 创新创业研究对象省份聚类

二、研究机构地域分布特征

本书研究机构地域分布特征的数据处理方法为，在原有样本数据基础上，提取文献机构所在地，去除机构所在地不明确及发文机构名称中带有“公司”“部门”等词语的文献，共获得 16212 条有效数据；随后人工归类发文机构地域，得到创新创业研究机构所在地数量。为明确具体区域差异性，本书利用 ArcGIS 软件可视化研究机构地域性后发现，与创新创业研究对象地域分布不同的是，创新创业研究机构强弱分布呈现空间聚集的特点，分布较强的省份主要集中在江苏、广东、浙江、辽宁等地，江苏是分布最强的地区，西部地区各省份分布普遍偏低。本书通过均值、标准差、基尼系数和集中度进一步考察创新创业研究机构地域分布特征。如表 4.12 所示，均值呈现东部地区、中部地区、西部地区阶梯状递减的特点，且西部地区与东部、中部地区差距较大，说明西部地区对创新创业研究的关注度较低。在标准差映射的绝对差异方面，绝对值从大到小排列依次为东部地区、中部地区和西部地区。基尼系数与集中度共同反映西部、东部、中部区域内部相对差异依次递减，表明中部地区研究机构的省份分布比较均衡。

表 4.12　创新创业研究机构关注度分区域统计

指标	东部地区	中部地区	西部地区
均值	782.09	606.25	7.60
标准差	153.66	77.31	3.41
基尼系数	0.34	0.18	0.40
集中度	63.64	50.00	66.67

在创新创业文献地域分布方面，东部地区发文数量最多，但东部地区各省份发文数量差异性较大；其主要集中在长三角地区，这是因为长三角地区是我国经济发展速度较快的地区，雄厚的经济基础、高素质人才不断增加、完善的知识产权体系为该地区的区域创新注入了活力，极大地提高了其区域创新的竞争力。中部地区发文数量较多，但区域内差异最小，各省份发文数量较均衡。西部地区各省份对创新创业研究的关注基本呈空白状态。

三、高影响力机构地域分布特征

本部分主要探究创新创业研究中高影响力机构的地域分布特征，明确对创新创业研究具有重大贡献的主要机构，表 4.13 显示了发文量排名前 20 的相关机构及其所在地区。

表 4.13　创新创业研究高水平机构排名及区域统计

序号	机构名称	所属地区	序号	机构名称	所属地区
1	佳木斯大学	中部	11	沈阳师范大学	中部
2	吉林大学	中部	12	山东协和学院	东部
3	浙江大学	东部	13	广州工商学院	东部
4	桂林理工大学	西部	14	广西财经学院	西部
5	福州大学	东部	15	华南农业大学	东部

续表

序号	机构名称	所属地区	序号	机构名称	所属地区
6	常州信息职业技术学院	东部	16	江苏农牧科技职业学院	东部
7	武汉大学	中部	17	黑龙江八一农垦大学	中部
8	桂林电子科技大学	西部	18	河北农业大学	东部
9	黄河科技学院	中部	19	辽宁对外经贸学院	中部
10	南京工业大学	东部	20	厦门大学	东部

表 4.14　东、中、西部地区高水平机构占比与平均引文数量

区域名称	高水平机构数量占比（%）	区域论文平均引文数量（篇）
东部	50	5.061
中部	35	4.730
西部	15	2.590

依据表 4.14 统计可知，东部地区高水平机构数量占比达 50%，且高水平机构平均引文数量最高，说明东部地区对创新创业研究处于“双高”状态，即发文数量高、发文质量高；东部地区高水平机构多集中在江苏省。中部地区处于“双中”状态，即高水平机构数量位于中间状态，且平均引文数量居于第二；中部高水平机构多集中在黑龙江省。西部地区处于“双低”状态，即发文数量低、发文质量低，其平均引文数量与东部、中部地区差距较大；西部地区高水平机构分布呈集中态势，全部集中在广西壮族自治区。

四、主要来源期刊地域分布特征

本部分提取样本数据的发表期刊，统计发表创新创业文献的数量，选取数量排名前 10 的期刊作为创新创业文献主要期刊来源，并确定该期刊出版地区。表 4.15 包括 *TP*（总论文）、*TC*（总引文）和 *ACPP*（每篇论文的平均引文数量），其中，*ACPP* 衡量了文献期刊的影响力，其数值越高说明文献期刊的引用率越高，文献期刊的影响力越大，其值定义为：

$$ACPP = TC/TP$$

表 4.15　创新创业文献主要期刊相关信息

单位：篇

序号	期刊名称	期刊类别	期刊所属地区	*TP*	*TC*	*ACPP*
1	教育教学论坛	普通期刊	东部	348	583	1.68
2	教育现代化	普通期刊	东部	329	296	0.89
3	中国高新区	普通期刊	中部	295	112	0.38
4	才智	普通期刊	中部	253	32	0.13
5	创新与创业教育	普通期刊	中部	244	253	1.04
6	科技创业月刊	普通期刊	中部	241	377	1.56
7	课程教育研究	普通期刊	西部	181	128	0.71
8	西部素质教育	普通期刊	西部	167	123	0.74
9	中国科技产业	普通期刊	东部	161	181	0.12
10	教育与职业	核心期刊	东部	154	1104	7.17

表 4.16　创新创业区域主要期刊来源内容及平均引文数

单位：篇

期刊所属地区	区域内文献数量	区域文献平均引文数量	科技类数量	教育类数量
东部	2164	2.47	1	3
中部	774	0.78	3	1
西部	251	0.73	0	2

分析表 4.16 可知，创新创业文献期刊来源主要分布在东部和中部地区，占比达 92%，西部地区占比较少。东部区域内主要期刊来源中文献总数量最多，且引文数最高，平均引文达 2.47 篇，说明东部地区期刊对创新创业最为关注，发表文献质量最高，且侧重于教育类；中部地区的主要期刊文献数量与东部地区的差异较大，数量较少，且发文质量远低于东部地区水平，研究侧重于科技类；西部地区主要期刊文献数量最低，发文质量与中部地区的相近，研究侧重于教育类。

第四节　我国创新创业学术文献发展趋势分析

一、我国创新创业学术文献增长趋势

首先，统计1973—2018年的年度创新创业发文数量。通过图4.5可以发现，创新创业文献数量在2014年后由缓慢增长变为快速上升的状态。2017年文献数量约为2014年文献数量的5倍。其中，2018年论文发表数量较少的原因是2018年许多文献尚未被CNKI数据库编入索引。

其次，计算创新创业文献数据的相对增长率和倍增时间，用*RGR*表示以时间为基准度量的文献增长率，用*DT*表示测量文献量增加一倍所需时间。参数*RGR*和*DT*的定义如下：

$$RGR = (\ln N_2 - \ln N_1)/(T_2 - T_1)$$

$$DT = (T_2 - T_1)\ln 2/(\ln N_2 - \ln N_1)$$

其中，T_1和T_2是两个顺序的时间段，N_1和N_2是时间段T_1和T_2的文献数量。在此处数据中，时间变量值均以年为单位，因此（$T_2 - T_1$）取为1。则以上两个公式可以相应地改写为：

$$RGR = (\ln N_2 - \ln N_1) = \ln\left(\frac{N_2}{N_1}\right)$$

$$DT = \ln 2/RGR$$

表4.17列出了1992—2018年创新创业研究数据的*RGR*、平均*RGR*、*DT*和平均*DT*计算值。分析表4.17可知，2015年的*RGR*为最高值（1.11），说明2015年相对增长率最高，其原因是2014年李克强总理正式提出“大众创业、万众创新”口号，引导了学者进行创新创业的研究。2018年*RGR*值回落原因是本书获取数据的截止日期为2018年11月，有相当一部分已发表文献未被CNKI收录。随着*RGR*的增加，*DT*会随之减小，反之亦然，这说明相对增长率越高，增加一倍所需的时间越少。计算整体的平均*RGR*和平均*DT*，其

值分别为0. 27 和2. 64。其中，*DT* 均值为2. 64 表明，创新创业文献数量在2. 6 年左右会增长一倍，反映了创新创业研究工作量增长非常迅速。

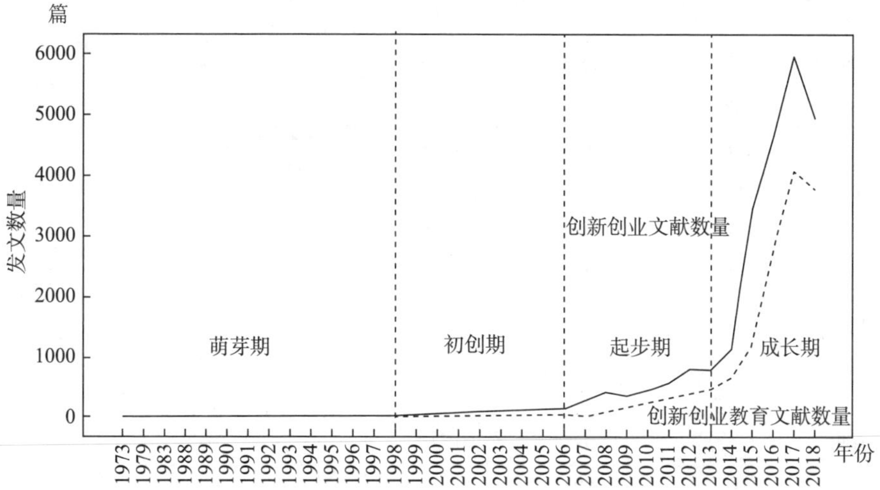

图4. 5　1973—2018 年创新创业文献年度发文量

表4. 17　1992—2018 年创新创业文献年度生产量和增长量

单位：篇

年份	年度文献数量	累计文献数量	*RGR*	Mean *RGR*	*DT*	Mean *DT*
1992	4	4	–	0. 27	–	2. 64
1993	2	6	−0. 69		−1. 00	
1994	5	11	0. 92		0. 76	
1995	9	20	0. 59		1. 18	
1996	7	27	−0. 25		−2. 76	
1997	9	36	0. 25		2. 76	
1998	22	58	0. 89		0. 78	
1999	48	106	0. 78		0. 89	
2000	62	168	0. 26		2. 71	
2001	78	246	0. 23		3. 02	
2002	87	333	0. 11		6. 35	

续表

年份	年度文献数量	累计文献数量	*RGR*	Mean *RGR*	*DT*	Mean *DT*
2003	98	431	0. 12		5. 82	
2004	114	545	0. 15		4. 58	
2005	133	678	0. 15		4. 50	
2006	177	855	0. 29		2. 43	
2007	258	1113	0. 38		1. 84	
2008	404	1517	0. 45		1. 55	
2009	346	1863	-0. 15		-4. 47	
2010	430	2293	0. 22		3. 19	
2011	560	2853	0. 26		2. 62	
2012	772	3625	0. 32		2. 16	
2013	793	4418	0. 03		25. 83	
2014	1121	5539	0. 35		2. 00	
2015	3408	8947	1. 11		0. 62	
2016	4600	13547	0. 30		2. 31	
2017	5959	19506	0. 26		2. 68	
2018	4924	24430	-0. 19		-3. 63	

二、我国创新创业研究作者分析

通过数据整理与计算，表 4. 18 展示了创新创业热门文献排名前 10 的高产作者。可以发现，作者所在机构多为佳木斯大学，因此本书利用 Ucinet 软件考察作者间的合作关系。具体内容如图 4. 6 所示，其节点大小代表共同发文数量。由图 4. 6 可知，这些创新创业研究形成了较为紧密的合著关系，因此，分析各合著作者的所属单位，可以发现合著作者多来自同一机构，说明在进行创新创业研究时，学者更倾向于与同单位学者合作。

表 4. 18　创新创业热门文献作者及相关信息

序号	作者	所在单位	*TP*	*TC*	*ACPP*
1	王占仁	东北师范大学	21	888	42. 29
2	韦联桂	广西财经学院	15	24	1. 60

续表

序号	作者	所在单位	*TP*	*TC*	*ACPP*
3	王琳琳	佳木斯大学	14	4	0.29
4	薛勇	佳木斯大学	14	18	1.29
5	薛宇	佳木斯大学	12	9	0.75
6	季庆辉	佳木斯大学	12	9	0.75
7	颜玉	佳木斯大学	12	9	0.75
8	戚晓利	佳木斯大学	11	17	1.55
9	朱德全	佳木斯大学	11	9	0.81
10	李国辉	佳木斯大学	10	31	3.10

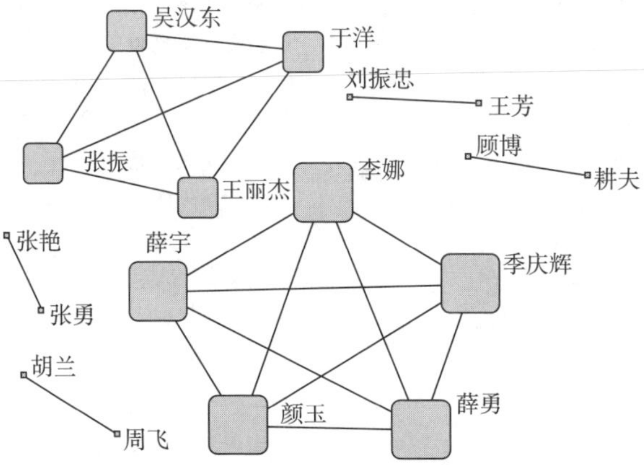

图 4.6　创新创业热门文献作者合著关系

三、我国创新创业研究引用次数较高的文献分析

本部分对被引用次数较高的文献进行分析，以明确其反映的有关创新创业研究的热点。本书的数据处理方式为：按被引用数量降序排列样本文献，去除被引用次数为零的文献，得到 2014 条数据；人工分析被引用次数排名前 10 的文献，具体结果如表 4.19 所示。表 4.19 中的文献均刊载于核心期刊，说明相关学者在引用文献时比较看重文献研究水平。2017 年文献被引用次数远超其他年份，其原因是 2017 年创新创业文献发表量达到最高峰，文献被引

率也随之提高。被引用文献次数排名第 1 的文献发表时间较早，但晚于排名第 3 的文献，表明文献发表时间与被引用次数的相关性较低。排名前 10 的被引用文献中有 90% 的文献与创新创业教育相关，说明创新创业教育受到了学者的高度关注。

表 4.19　创新创业被引用次数排名前 10 的文献相关信息

单位：次

排名	名称	作者	期刊名称及层次	发表时间	被引用次数
1	把创新创业教育融入高校人才培养体系	李家华、卢旭东	中国高等教育（CSSCI）	2010 年 6 月	377
2	大学创新创业教育的实践模式研究与探索	马永斌、柏喆	清华大学教育研究（CSSCI）	2015 年 11 月	325
3	创新创业教育——培养新时代事业的开拓者——中国高等教育学会创新创业教育研讨会综述	高晓杰、曹胜利	中国高教研究（CSSCI）	2007 年 7 月	302
4	企业家的创业与创新精神对中国经济增长的影响	李宏彬、李杏、姚先国、张海峰、张俊森	经济研究（CSSCI）	2009 年 10 月	295
5	我国高校创业教育与创新型人才培养研究	杨晓慧	中国高教研究（CSSCI）	2015 年 1 月	294
6	高校创新创业教育人才培养体系构建的思考	刘伟	教育科学（CSSCI）	2011 年 10 月	262
7	创新创业教育与专业教育的深度融合	刘艳、闫国栋、孟威、权宇彤、逯家辉	中国大学教学（CSSCI）	2014 年 11 月	261
8	国外创新创业教育模式对我国高校的启示	胡桃、沈莉	中国大学教学（CSSCI）	2013 年 2 月	254
9	大学生创新创业训练计划项目的实践与探索	刘长宏、李晓辉、李刚、岳庆荣、任永功	实验室研究与探索（核心期刊）	2014 年 5 月	245

续表

排名	名称	作者	期刊名称及层次	发表时间	被引用次数
10	“广谱式”创新创业教育的体系架构与理论价值	王占仁	教育研究（CSSCI）	2015 年 5 月	235

四、我国创新创业研究的发展趋势

本书计算分析创新创业文献研究的主题类别，以明确研究创新创业研究的主要学科。文献主题类别分组原则基于 CNKI 的主题类别。表 4.20 列出了基于总论文（*TP*）的 7 个最常见类别。数量最多的类别为社会科学，在此类别下进一步细化，高等教育文献数量最多，共有 10651 篇；数量排名第二的是经济与管理学科下的企业经济，共有 4514 篇文献。部分 CP 值超过 100% 是由于有关文献分属于多个学科。

表 4.20　创新创业文献学科分类

序号	类别名称	*TP*（篇）	*P*（篇）	*CP*（%）
1	社会科学	15124	63.85	63.85
2	经济与管理	7173	30.28	94.13
3	信息科技	816	3.45	97.58
4	工程科技	761	3.21	100.79
5	哲学与人文科学	595	2.51	103.30
6	医药卫生	237.00	1.00	104.30
7	农业科技	136	0.57	104.87

为进一步了解创新创业的研究主题及趋势，本部分利用 Ucinet 软件对创新创业研究关键词进行聚类（见图 4.7）。在 SNA 图谱中，关键词节点的大小以及与其他节点连线数量的多少是中心性可视化的体现。分析图 4.7 可知，创新创业教育、创新创业人才、就业、大学生创业、大众创业、企业、企业

管理、大学生、高职院校、创业的中心值排在前10位，并与其他关键词之间的连线密集，形象地反映了我国创新创业研究领域的热点。

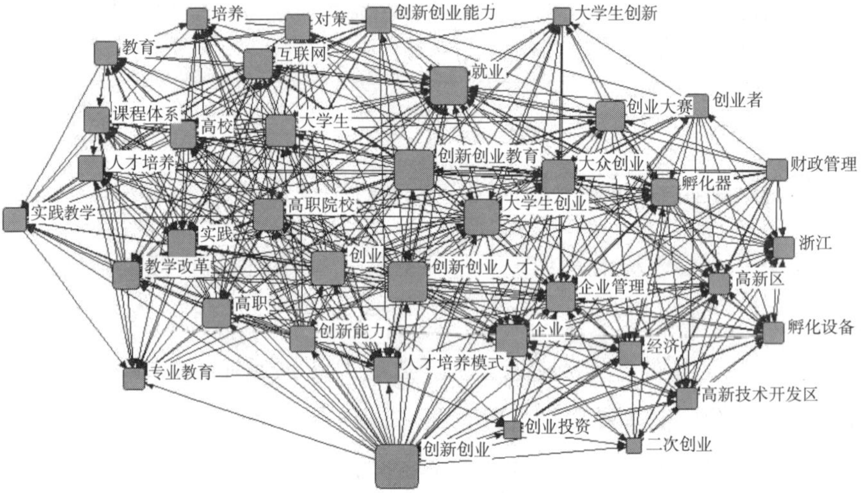

图4.7　创新创业研究关键词聚类

综上所述，本部分通过全面的科学计量和详细的人工处理分析CNKI收录的有关创新创业研究的成果，明确了创新创业的研究方向，相关分析结果能够清晰展示创新创业的发展历程、最新进展、关键节点以及主要覆盖的学科及其应用领域。

第五章　体验式创业教育与学生能力发展

第一节　创业意向、创业能力与就业质量的研究现状

一、创业意向的内涵及维度划分

“创业意向”一词最早由 Bird 在 1988 年提出，他认为创业意向是一种将创业者的注意力、精力和行为引向某个特定目标的心理状态。继 Bird 的研究后，Hmieleski 等（2009）认为创业意向就是创办高成长企业的意向。《全球创业观察 2016/2017 中国报告》指出，创业意向指 18～64 岁人群期望在未来三年内进行创业的可能性。国内具有很多以创业意向为主题的文献，张玉利和杨俊（2009）认为，创业意向是创业活动的前期准备阶段，是决定创业行为的重要影响因素；刘海鹰（2010）以大学生为研究对象，认为大学生创业意向是大学生对创业的主观态度，是衡量个体创业特质和能力的重要指标；薛永基和马奔（2014）认为，创业意向是创业者在实施创业活动前的主观态度。综上所述，本书将大学生创业意向定义为大学生在校或毕业三年内从事创业活动的主观态度或可能性。

通过对国内外文献的梳理可以发现，学者对创业意向维度的划分具有多种方式和多项指标，一般将创业意向划分为 2～5 种的文献居多。最早将创业意向进行分类的是 Bird（1988）的两维度论，其从创业者和利益相关者的意愿、理性与直觉角度进行分类，具有很强的代表性。Kristiansen 和 Indarti（2004）将创业意向界定为个人背景、个性态度和创业准备 3 个维度。国内对

创业意向的划分主要借鉴国外学者的研究成果，并结合中国的创业特色背景进行了一定的创新。如刘志（2013）认为，创业意向除了要考虑创业可能性外，还要关注个人是否具有创业兴趣；薛永基和马奔（2014）提出创业兴趣包含个人创业信念、创业态度等方面的因素，如表 5.1 所示。本书从具有代表性的文献出发，将创业意向划分为创业兴趣和创业可行性 2 个维度。

表 5.1 创业意向维度划分

出处	维度数量	维度划分
Bird（1988）	2	创业者和利益相关者的意愿、理性与直觉
Kristiansen 和 Indarti（2004）	3	个人背景、个性态度、创业准备
刘志（2013）	3	创业行为倾向、创业需求、创业可行性
薛永基和马奔（2014）	4	个体背景、创业态度、创业信念、创业倾向

二、创业能力内涵及维度划分

随着创业教育的快速发展，学者对创业能力的研究不断深入，其意义内涵也越来越丰富。庞世俊等（2016）将创业能力划分为活动、教育和个体 3 个层面。基于这一角度，从活动层面来看，Jarillo（1989）认为，创业能力是一种整合外部需求的愿景和能力；蒋宏达（2001）认为，创业能力是指除薪资福利就业外的“自我谋职”能力，其具有创新性、风险性和实践性。从教育层面来看，杨金焱和费世森（2010）认为，创业能力是个体发现商机、整合资源的能力，对大学生来说是在创业活动中实现自我生存与发展的能力；邹建芬（2011）认为，大学生创业能力主要是其在创办企业过程中所具备的经营、管理企业的能力。从个体层面来看，高桂娟和苏洋（2013）将创业能力定义为创业者所具备的有助于创业成功和企业发展的技能及能力的综合体。综上所述，本书将创业能力定义为：潜在创业者所具备的进行创业行为的经营管理能力、资源整合能力等有助于个人生存与发展的能力。

通过对国内外文献的梳理可以发现，创业能力维度的划分具有多种方式和多项指标。Man 等（2000）、张炜和王重鸣（2004）、王辉和黄琳翔（2012）将创业能力主要概括为学习能力、创造能力和组织能力；张玉利和王晓文（2011）认为，创业能力主要包括机会开发能力和运营管理能力；高桂娟和苏洋（2013）首先将创业能力细化为十多项指标，并将这些指标归纳为3个大类，其中专业能力代表个人对专业技术的掌握程度，方法能力指运营企业的能力，社会能力指与外界交往的能力，如表5.2所示。综上所述，本书通过对创业能力内涵和维度的分析，根据高桂娟和苏洋（2013）的研究，将创业能力划分为专业能力、方法能力和社会能力。

表5.2　创业能力维度划分

出处	维度数量	维度划分
张玉利和王晓文（2011）	2	机会开发能力、运营管理能力
高桂娟和苏洋（2013）	3	专业能力、方法能力、社会能力
Man等（2000）	6	机会胜任力、关系胜任力、概念胜任力、组织胜任力、战略胜任力、承诺胜任力
王辉和黄琳翔（2012）	7	机会把握力、创业坚毅力、关系胜任力、创业原动力、创新创造力、实践学习力、资源整合力

三、就业质量内涵及维度划分

“就业质量”这一概念源于“工作生活质量”一词，其最先由美国职业培训开发委员会提出，体现人与技术协调发展的理念。后由欧盟发展提出“工作质量”这一理念并形成一套完整的衡量指标。就业质量一直是西方国家研究的热门领域，学者将其划分为多个维度。Beatson（2000）认为，从单一视角无法完全概括就业质量的本质，其从劳动收入、工作质量、劳动保障、人际关系、人身安全等维度对就业质量进行衡量。Fredric K（2007）提出“高质量就业”的观点，他认为除薪酬福利外，劳动者工作的环境强度等也会影响劳动者对工作的期望。21世纪以来，国内学者从多个角度对就业质量展开研究，如职业发展视角、生产资料视角等，其中高校毕业生就业质量问题一直是研究的热门之一。秦建国（2007）将大学生就业质量界定为大学生从事工作的优劣及工作相关特征满足大学生需要的程度。吴新中和董仕奇（2017）认为，就业质量是基于个体、学校、用人单位、家庭、社会满意度等多个评价维度在一定时间序列内的综合概念和价值判断。马庆发（2004）充分肯定了就业质量代替就业率指标的意义，并将就业质量概括为职业地位、薪酬水平、社会保障水平、发展空间4个方面。刘素华（2005）指出，就业质量是体现求职者在寻找工作的过程中与相关资料相连接而获得收益的一种综述性概念。综上所述，本书将就业质量定义为主客观结合的开放性概念，对大学毕业生来说，主观概念主要是指就业满意度，客观概念包括薪酬水平、工作福利及发展空间等方面。

在国内研究就业质量维度方面，刘素华（2005）将就业质量划分为个人发展与工作满意度，其中个人发展体现在聘用条件和劳动关系层面，满意度体现在工作环境和社会保障层面。卫铁林（2013）将就业质量划分为薪酬福利、劳动关系和个人发展，这是使用最多的划分方法。张瑶祥（2013）从工作满意度的视角出发，突出政府、学生以及用人单位对个人的影响。在国外研究就业质量维度方面，比较具有代表性的是Beatson（2000）的研究，他从薪酬福利、工作与生活平衡、人际交往、个人安全等方面划分就业质量。具有代表性的就业质量维度划分如表5.3所示。为保证研究的可靠性和客观性，本书将就业质量界定为薪酬福利、个人发展和就业满意度。

表5.3 就业质量维度划分

出处	维度数量	维度划分
卫铁林（2013）	3	薪酬福利、劳动关系、个人发展
张瑶祥（2013）	3	政府满意度、学生满意度、用人单位满意度
刘素华（2005）	4	聘用条件、工作环境、劳动关系、社会保障
Beatson（2000）	9	薪酬福利、工作内容、工作与生活平衡、工作时间、工作强度、工作保障、发展机会、同事关系、工伤疾病危害

第二节 体验式创业教育的起源与发展现状

一、创业教育

创业教育的概念主要产生于国外，创业教育的课程也由国外率先实行。

1989年联合国教科文组织首次提出“创业教育”这一概念，指出创业教育就是要培养具有开创性、冒险精神、首创精神以及具备相关管理、社交等技能的个人。国外的创业教育研究体系较为成熟。美国创业教育之父Timmons（2008）在*New Venture Creation*中指出：创业是一种具有思索、推理和行为特点的行为方法，是一种促使机会驱动、注重方法和与领导相平衡的方法。Curavic（2011）认为，创业教育对培养大学生的创业行动能力极为有利。Busenitz（2014）指出，创业教育内容主要包括三部分：一是在风险面前能够识别机会；二是能够整合资源创办企业；三是能够介绍创业过程。从国内文献来看，席升阳（2007）认为，我国的创业教育主要集中于对创业功用性和描述性的探讨，缺乏对创业教育本质的刻画与高度概括。从功用性角度来看，徐小洲和李志永（2010）认为，要加大对创业教育的政策扶持力度，通过创业教育培养学生的创新创业精神，缓解就业压力，适应改革发展趋势。从描述性角度来看，李艳艳（2015）指出，创业教育是一种以实践性活动和课程教学为载体，培养高校学生适应未来社会进行创业活动所需的创业意识、创业知识、创业能力，并将其内化为学生自身的创业素质的一种教育培养形式。综上所述，本书主要借鉴席升阳（2007）的研究，将创业教育的内涵与功用性相结合，将其界定为关于行为创新和探索性行为的教育模式。

二、体验式创业教育

本书通过对国内外大量文献的梳理，对“体验式创业教育”这一概念的定义做出以下总结。纪玉超和杨向荣（2010）结合青岛理工大学的体验式创业教育发展状况，提出体验式创业教育需要以学生为主体、以教育质量为基础、以创新为主导，注重实践性和互动性。张吉玉（2012）指出，体验式创业教育就是用体验式的教学方法来进行创业教育，是通过情景设置、角色扮演等形式最终实现教学目标的一种教学方式。付立平和武桂玲（2014）认为，体验式创业教育是教师将学生主动带入事先设计好的与创业相关的情境中，使学生能够在多样化的人际互动环境中，积极主动地体验并及时领会创业理论知识，提升创业实践能力。张育广和刁衍斌（2017）认为，体验式创业教育是教学与创业教育的结合，并将体验式场景融入创业教育的方方面面，促进创新创业教育的协调发展。综上所述，体验式创业教育具有以下特点：一是体验式创业教育实质上是一种教育活动，突出教育的实践性和互动性；二是体验式创业教育以学生为主体，重视培养学生独立思考和完成任务的能力，体现以人为本的理念；三是体验式创业教育将学校与社会相结合，将教学置于社会真实情景中，培养学生适应社会的能力。基于此，本书将体验式创业教育划分为体验式创业理论教育、体验式创业实践教育和体验式创业师资力量3个主要维度。

第三节　体验式创业教育对学生能力发展的影响分析

一、研究假设与模型

（一）模型构建

本书涉及的变量包括体验式创业教育、创业意向、创业能力和就业质量，其中自变量为体验式创业教育，因变量为创业能力和就业质量。体验式创业教育突出教育的实践性和互动性，付立平和武桂玲（2014）认为，体验式创业教育可以促进学生创业能力的发展。郝存生（2012）认为，体验式创业教育不仅培养了学生的创业意识和创业能力，还培养了学生自主寻求机会以及独立思考问题的能力，有助于大学生就业素质的提高。通过对中外文献的梳理和分析可以发现，创业意向更多发挥的是中介作用，如Paul（2013）认为，个体创业环境、实践与自身素质之间相互影响，且创业意向在三者之间发挥中介效应。基于计划行为理论，本书运用意向对行为具有显著影响的机制，将创业意向作为创业教育实施与能力发展的桥梁，综合对各变量的分析，构建体验式创业教育对学生能力发展的研究模型，如图5.1所示。

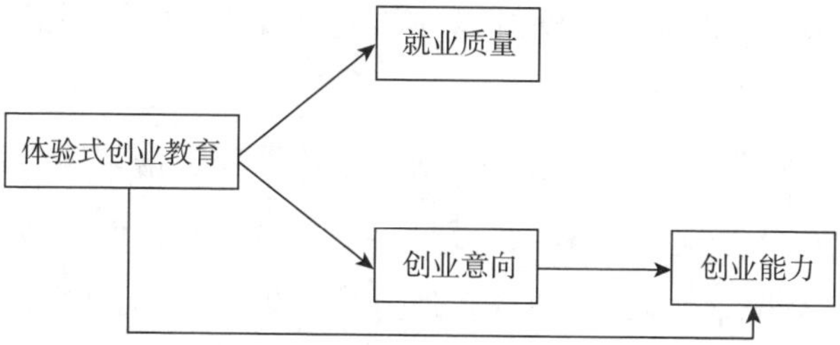

图 5.1　体验式创业教育对学生能力发展的研究模型

（二）研究假设

1. 体验式创业教育对创业意向的影响

计划行为理论认为，创业意向是影响个体是否采取行动的关键因素。在创业领域，大学生创业意向的强弱直接影响其创业行动的实施。本书通过文献梳理发现，大部分学者均认为体验式创业教育对创业意向具有正向影响。本书将体验式创业教育分为体验式创业理论教育、体验式创业师资力量与体验式创业实践教育，并考察这 3 个维度对创业意向是否具有影响及其影响程度。

彭正霞等（2012）根据计划行为理论从环境因素和个人因素层面对大学生创业意向进行研究后发现，创业课程和创业实践对创业意向具有积极影响。朱红和张优良（2014）从学生参与角度出发研究发现，创业教育对大学生非理性行为具有抑制作用，创业教育对大学生创业意向具有正向影响。杜晶晶等（2015）通过实证检验发现，创业教育有助于提升创业态度和意向。综上所述，本书提出以下假设。

H1：体验式创业教育对创业意向具有正向影响。

H1a：体验式创业理论教育对创业意向具有正向影响。

H1b：体验式创业师资力量对创业意向具有正向影响。

H1c：体验式创业实践教育对创业意向具有正向影响。

2. 体验式创业教育对创业能力的影响

创业教育是大学生提升创业能力的直接途径，但课程理论式的创业教育对学生实际创业能力的作用不大，而体验式创业教育改变了以理论课程教学为中心的传统模式，充分利用学校以外的社会资源，能够明显促进学生多维能力的发展，使学生与社会接轨。

买忆媛和甘智龙（2008）指出，创业教育课程和培训体系越完善，就越有助于学生能力的发展，其指出教育与学生能力具有正向显著相关关系。黄姝君（2011）认为，体验式创业教育通过让学生自主制订创业计划、自主筹备、自主进行创业竞赛等，让学生主动参与创业实际，使学生具备独立思考、自主管理、主动探索等能力。陆秋萍（2015）认为，学生能力的提高主要依赖创业教育的实施，创业教育使学生进一步了解创业相关法律知识和管理理论，对创业时的风险与机会、决策与管理、创业情况的评价与改进等相关知识进行深入学习，进而促进学生相关能力的提高。综上所述，本书提出如下假设。

H2：体验式创业教育对创业能力具有正向影响。

H2a：体验式创业理论教育对创业能力具有正向影响。

H2b：体验式创业师资力量对创业能力具有正向影响。

H2c：体验式创业实践教育对创业能力具有正向影响。

3. 体验式创业教育对就业质量的影响

目前，有关创业教育对就业质量影响的研究不多，通过文献梳理发现，创业教育对就业质量具有一定影响。总的来说，创业教育可以直接促进学生独立思考能力和问题解决能力的提高，这在一定程度上对解决大学生就业过程中技术不过关、实践能力不强、难以融入社会等问题具有一定的促进作用。

唐嘉芳（2008）认为，高校应该通过创新创业教育培养学生的创新创业素质和创业技能，以提高学生的就业能力，可以说，创业教育能够间接影响就业质量。郑惠强（2015）和周曼等（2015）认为，创业教育有助于增强大学生的就业能力，进而缓解就业难的问题。任立肖等（2018）指出，创业教育与社会资本共同影响学生的就业质量。其中，社会资本在大学生初次就业时的贡献最大，创业教育对培养在校大学生的创业能力作用显著。体验式创业对就业质量的作用已有部分学者进行了相关研究，本部分在已有研究的基础上将体验式教育模式进行细分，具体分析理论教育、师资力量和实践教育对就业质量的影响，探究上述三个维度对学生就业质量的影响。综上所述，本书提出如下假设。

H3：体验式创业教育对就业质量具有正向影响。

H3a：体验式创业理论教育对就业质量具有正向影响。

H3b：体验式创业师资力量对就业质量具有正向影响。

H3c：体验式创业实践教育对就业质量具有正向影响。

4. 创业意向对创业能力的影响

创业意向与创业能力之间存在很强的相关性，两者可以互做前置变量。一方面，创业能力可以激发创业激情，使学生具备更强的创业意向。如陈淑妮等（2012）通过实证研究发现，创业能力的发展对推动创业意向具有显著的正向作用。一般来说，创业能力越强的人其创业意向越强烈。另一方面，创业意向可以促进创业能力的发展。本部分主要探讨创业意向对创业能力的影响。

杨道建等（2014）认为，创业意向有助于规范大学生的行为，使其自觉制定创业目标并更好地将创业理论课程与社会实践相结合，从而使大学生提高创业能力。赖美詹（2019）指出，创业教育并不能直接影响创业能力，应通过创业意向搭建理论和行动的桥梁，即创业教育对创业能力的提升起中介作用。黄美娇和吴发林（2019）通过实证研究，结合大学生返乡创业意愿与实践，基于不同高校大学生的就业地域与薪资情况进行分析后发现，强烈的创业意向可以促进创业能力的发展。综上所述，本书提出如下假设。

H4：创业意向对创业能力具有正向影响。

二、研究设计

（一）变量测量

本部分的研究变量为体验式创业教育、创业意向、创业能力、就业质量，这些题项大部分采用国内外成熟量表，并结合大学毕业生实际情况加以优化，具体以 Likert 5 级量表来测量，同时对变量使用英文字母进行编号。

表 5.4 控制变量测度表

控制变量	题目选项
A1 性别	男、女
A2 学历	大专、本科、研究生
A3 专业	经管类、文史哲类、理工类、农医法类、其他
A4 成绩	前 10%、11% ~30%、31% ~70%、后 30%
A5 创业经历	是、否

本部分的自变量设定为体验式创业教育。目前，有关体验式创业教育测度指标的研究较少，本书除借鉴体验式创业教育的划分维度外，还借鉴创业教育的衡量指标。范琳（2015）将体验式创业教育划分为体验式创业生涯规划课程、体验式创业学科课程和创业大赛 3 个方面。任胜钢等（2017）将创业教育划分为创业理论教育和创业实践教育。葛宝山和宁德鹏（2017）从课程体系、实践情况、师资力量等方面测度创业教育。本书通过文献梳理发现，在研究体验式创业教育的文献中，实践教育和理论知识教育出现的次数最多，师资力量是衡量体验式创业教育水平的重要标准，因此本书将体验式创业教育划分为体验式创业理论教育、体验式创业师资力量和体验式创业实践教育。其具体测量方式如表 5.5 所示。

表 5.5 自变量测度表

潜变量	显变量	参考来源
B 体验式创业教育	B1 体验式创业理论教育	范琳（2015）
	B2 体验式创业师资力量	任胜钢等（2017）
	B3 体验式创业实践教育	葛宝山和宁德鹏（2017）

本部分的因变量分别为创业能力和就业质量。创业能力根据高桂娟和苏洋（2013）的研究划分为专业能力、社会能力和方法能力。就业质量借鉴卫铁林（2013）的研究，具体划分为薪酬福利、个人发展和劳动关系。但对大

学生来说，特别是初次就业的大学生，个人的主观预期与实际满意度之间的差异可以衡量针对这一特定群体的就业质量情况。因此，本书借鉴张瑶祥（2013）的划分标准，强调大学生的就业满意度。其具体测量方式如表5.6所示。

表5.6　因变量测度表

潜变量	显变量	参考来源
D创业能力	D1 专业能力 D2 社会能力 D3 方法能力	高桂娟和苏洋（2013）
E就业质量	E1 薪酬福利 E2 个人发展	卫铁林（2013）
	E3 就业满意度	张瑶祥（2013）

本部分的中介变量为创业意向。从有关创业意向的文献分析可以看出，衡量创业意向的指标主要包括创业倾向性/希求性、创业可行性/可能性、个人背景/特质等。个人背景可以与创业倾向性相结合作为创业兴趣，这样既能考虑创业的个人主观因素，也能考虑客观因素的影响。本部分采用Phan等（2002）的分类方式，将创业意向划分为创业兴趣和创业可行性。其具体测量方式如表5.7所示。

表5.7　中介变量测度表

潜变量	显变量	参考来源
C创业意向	C1 创业兴趣 C2 创业可行性	Phan等（2002）

（二）问卷设计

1. 问卷有效性设计

（1）问卷采用Likert 5级量表。1~5表明从完全不符合到完全符合，共有4个量表。

（2）有效问卷份数。按照学者 Comrey（1988）的建议，本书的量表题项数大于或等于40题，中等样本数约为200份，较佳样本数为250份。

（3）以下情况属于无效问卷：

一是填写时间低于100秒；二是答案自相矛盾的问卷；三是辨识度过低的问卷，如选项选择均是“完全符合”或“完全不符合”等。

2. 问卷结构

本部分的调查问卷结构与内容如表5.8所示。

表5.8　调查问卷结构与内容

板块	内容	题目数量
第一部分	控制变量	5
第二部分	对体验式创业教育的测量	10
第三部分	对创业意向的测量	6
第四部分	对创业能力的测量	10
第五部分	对就业质量的测量	9
合计		40

（三）数据收集与处理

本问卷的调查对象为河南工业大学的毕业生，其具体包括已经毕业的高职学生、本科生、研究生。

本书采用问卷星链接的形式进行问卷的发放与回收。经汇总，此次调查共发放问卷350份、回收问卷320份，除去无效问卷后得到257份有效样本数据，有效回收率为73.4%。

三、实证分析

（一）描述性统计分析

在所收集的257份有效样本中，描述性统计结果如表5.9所示。

表 5.9 样本描述统计

控制变量	类型分类	样本数量（份）	占比（%）
性别	男	142	55.25
	女	115	44.75
学历	大专	73	28.40
	本科	139	54.09
	研究生	45	17.51
专业	经管类	78	30.35
	文史哲类	46	17.90
	理工类	93	36.19
	农医法类	32	12.45
	其他	8	3.11
成绩排名	前 10%	62	24.12
	11% ~30%	86	33.46
	31% ~70%	67	26.07
	后 30%	42	16.34
创业经历	是	110	42.80
	否	147	57.20

（二）信度与效度分析

信度分析用来衡量量表数据的可靠性，是一种运用相同方式多次测量结果内部稳定性统一性程度的分析方法。不同学者对信度检验 α 系数的临界值持不同观点。Nunnally（1975）认为，对探索性研究要求 $\alpha>0.60$，验证性研究要求 $\alpha>0.70$。本书采用 α 系数大于 0.70 这一标准作为信度可靠的条件。同时考察 CITC（校正的项总体相关性），若数值大于 0.50，则表示题目可行。吴明隆（2010）指出效度检验，即量表数据的有效度，其主要采用因素分析法对问卷的效度进行检验。本部分主要进行收敛效度分析，其中收敛效度是结构效度的一种，主要考察题项与其所对应的潜变量之间的相关度，本部分通过构建结构方程模型进行验证性因子分析，检验标准为所有题项的因子载荷值大于 0.50、平均方差抽取量大于 0.50 且组合信度大于 0.60。

1. 体验式创业教育量表的信度、效度检验

(1) 信度检验。本书对体验式创业教育量表进行的信度分析如表 5.10 所示，各维度的 Cronbach's α 值均在 0.80 以上，表明体验式创业教育量表内部题项的一致性很好；各题项的 CITC 值均大于 0.70，即可借鉴的题项有效性占比较高，这为后续变量间相关系数的计算提供真实有效的数据基础。整体量表的 Cronbach's α = 0.88 > 0.80，由此说明测量量表中的各题项均可接受，信度在允许范围内。其中，体验式创业实践教育题项信度最高，大于 0.90，表明信度极好。

表 5.10 体验式创业教育量表信度检验结果

量表	维度编号	CITC	Cronbach's α	
体验式创业教育	B11	0.83	0.89	0.88
	B12	0.73		
	B13	0.83		
	B21	0.71	0.87	
	B22	0.74		
	B23	0.80		
	B31	0.78	0.91	
	B32	0.81		
	B33	0.82		
	B34	0.80		

(2) 效度检验。本部分根据调研收集的数据对体验式创业教育量表的因子载荷值、组合信度和平均方差抽取量进行计算，得到量表验证性因素分析结果，具体内容如表 5.11 所示。其因子载荷值均大于 0.70，组合信度大于 0.70，且平均方差抽取量高于 0.50，表明该量表题项有效。其中，体验式创业师资力量的因子载荷值的平均方差抽取量较低，表明师资力量题项设计存在细微不合理，与理论教育和实践教育的相关度不高，由此说明体验式创业教育中，老师对学生能力的引导作用的重要程度略低于学生实际学习活动中自主接受的理论和实践教育。

表 5.11　体验式创业教育量表收敛效度分析结果

变量	题项	因子载荷值	组合信度	平均方差抽取量
体验式创业理论教育	B11	0.89	0.90	0.75
	B12	0.81		
	B13	0.90		
体验式创业师资力量	B21	0.75	0.79	0.57
	B22	0.88		
	B23	0.85		
体验式创业实践教育	B31	0.84	0.87	0.63
	B32	0.86		
	B33	0.85		
	B34	0.85		

2. 创业意向量表的信度、效度检验

（1）信度检验。本部分对创业意向量表进行信度分析，题项分为两大模块，即以 C1 编号的创业兴趣和以 C2 编号的创业可行性，指标的多元化可以保证题项信度的有效性。根据检验得出表 5.12，表中两大维度的 Cronbach's α 值均在 0.80 以上，表明创业意向量表内部题项的一致性较好；同时，各题项的 *CITC* 值均大于 0.70，且 Cronbach's α = 0.83 > 0.80，由此说明测量量表中各题项均可接受，信度在允许的范围内。其中两大维度的信度大致相当，但创业兴趣维度题项的可信度更高。创业意向作为中介变量，在进行假设检验时可以作为一个整体，探讨创业意向与体验式创业教育的理论教育、实践教育和师资力量的关系，以及创业意向对创业能力的影响。

表 5.12　创业意向量表信度检验结果

量表	维度编号	*CITC*	Cronbach's α	
创业意向	C11	0.80	0.89	0.83
	C12	0.78		
	C13	0.80		
	C21	0.77	0.80	
	C22	0.80		
	C23	0.86		

（2）效度检验。本书根据调研收集的数据对创业意向量表的因子载荷值、组合信度和平均方差抽取量进行计算，得到创业意向量表的验证性因素分析

结果，并对结构方程进一步拟合，得到如表 5. 13 所示的具体数据，其因子载荷值均大于 0. 80，即潜变量创业意向在各题项的相对重要性较大；组合信度大于 0. 80，即创业兴趣和创业可行性两大维度的题项具有很好的代表性；平均方差抽取量高于 0. 70，表明题项内部一致性较好。总的来说，该量表题项有效。

表 5. 13　创业意向量表收敛效度分析结果

变量	题项	因子载荷值	组合信度	平均方差抽取量
创业意向	C11	0. 84	0. 89	0. 72
	C12	0. 81		
	C13	0. 91		
	C21	0. 84	0. 90	0. 76
	C22	0. 85		
	C23	0. 93		

3. 创业能力量表信度、效度检验

（1）信度检验。本部分将创业能力这一变量作为一个整体探讨其与创业意向和体验式创业教育的关系，对创业能力量表进行信度分析时将题项分为三大模块，即以 D1 为编号的专业能力、以 D2 为编号的社会能力和以 D3 为编号的方法能力。得出量表 5. 14 中各维度的 Cronbach's α 值均在 0. 80 以上，表明创业能力量表内部题项的一致性很好。同时各题项的 *CITC* 值均大于 0. 70，整体量表的 Cronbach's $\alpha = 0.91 > 0.90$，由此可得测量量表中的各题项均可接受，信度在允许范围内。

表 5. 14　创业能力量表信度检验结果

变量	维度编号	*CITC*	Cronbach's α	
创业能力	D11	0. 73	0. 88	0. 91
	D12	0. 76		
	D13	0. 82		
	D21	0. 75	0. 90	
	D22	0. 77		
	D23	0. 82		
	D24	0. 85		
	D31	0. 78	0. 90	
	D32	0. 76		
	D33	0. 85		

（2）效度检验。根据本次调研收集的数据对创业能力量表的因子载荷值、组合信度和平均方差抽取量进行计算，得到创业能力量表的验证性因素分析结果，其因子载荷值均大于0.70，表明专业能力、社会能力和方法能力各题项对潜变量创业能力的测量具有一定代表性。其中，组合信度均大于0.80，社会能力指标题项的组合信度超过0.90，初步判定以D2为编号的题目质量最高；平均方差抽取量均高于0.70，表明题项内部一致性高，总的来说该量表题项有效。其具体内容如表5.15所示。

表5.15　创业能力量表收敛效度分析结果

变量	题项	因子载荷值	组合信度	平均方差抽取量
创业能力	D11	0.79	0.88	0.71
	D12	0.84		
	D13	0.91		
	D21	0.80	0.91	0.72
	D22	0.84		
	D23	0.85		
	D24	0.90		
	D31	0.85	0.89	0.75
	D32	0.83		
	D33	0.91		

4. 就业质量量表的信度、效度检验

（1）信度检验。在路径分析中本书将就业质量这一变量当作一个整体，检验就业质量与体验式创业理论教育、实践教育和师资力量的关系。本部分对就业质量量表进行信度分析，将题项分为三大模块，即以E1为编号的薪酬福利，以E2为编号的个人发展和以E3为编号的就业满意度。如表5.16所示，检验得出量表各维度的Cronbach's α值均在0.70以上，表明就业质量量表内部题项的一致性较好；各题项的*CITC*值均大于0.60，整体量表的Cronbach's $\alpha=0.85>0.80$，由此可得测量量表中的各题项均可接受，信度在允许范围内。

表 5.16　就业质量量表信度检验结果

变量	维度编号	*CITC*	Cronbach's α	
就业质量	E11	0.73	0.88	0.85
	E12	0.77		
	E13	0.79		
	E21	0.73	0.87	
	E22	0.76		
	E23	0.77		
	E31	0.63	0.77	
	E32	0.72		
	E33	0.71		

(2) 效度检验。本部分根据调研收集的数据对就业质量量表的因子载荷值、组合信度和平均方差抽取量进行计算，得到就业质量量表的验证性因素分析结果。如表 5.17 所示，因子载荷值均大于 0.70，即每个题项对潜变量就业质量均很重要，同时组合信度均大于 0.80，即由题项组合的新指标信度高，且平均方差抽取量均高于 0.60，说明该量表题项有效。

表 5.17　就业质量量表收敛效度分析结果

变量	题项	因子载荷值	组合信度	平均方差抽取量
就业质量	E11	0.85	0.87	0.70
	E12	0.87		
	E13	0.79		
	E21	0.84	0.83	0.62
	E22	0.80		
	E23	0.72		
	E31	0.87	0.89	0.74
	E32	0.84		
	E33	0.88		

(三) 影响路径分析

本书通过对体验式创业教育、创业意向、创业能力、就业质量 4 个量表进行信度和效度的检验，验证发现各量表均具有良好的信度与效度。本部分在此基础上，将体验式创业教育作为自变量，将其进一步划分为体验式创业理论教育、体验式创业师资力量和体验式创业实践教育三大维度，同时将创业能力和就业质量作为因变量，通过构建结构方程模型对潜变量进行路径分析、中介效应检验以研究体验式创业教育对学生能力发展的直接影响路径与间接影响路径。

1. 直接影响效应分析

本部分研究“体验式创业教育→创业能力”以及“体验式创业教育→就业质量”的直接影响路径。

（1）体验式创业教育对创业能力的直接影响路径分析（见图 5.2）。

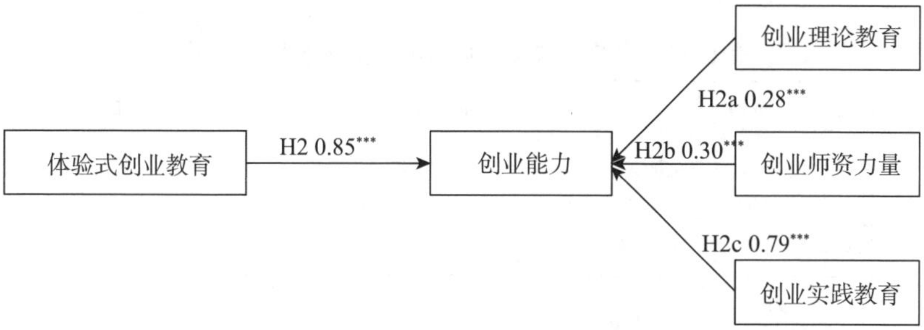

图 5.2　体验式创业教育→创业能力模型

注：*** 表示 $p<0.001$。

1）整体维度。本部分根据调研收集的数据构建结构方程模型进行路径分析。首先考察体验式创业教育整体维度对创业能力的影响，输出的结果如表 5.18 所示，体验式创业教育→创业能力（$\beta=0.85$，$p<0.001$）。该结果说明体验式创业教育能够正向影响创业能力，体验式创业教育的实施效果直接影响学生创业能力的发展程度，即假设 H2“体验式创业教育对创业能力具有正向影响”获得支持。

表 5.18　直接影响标准化路径系数显著性（整体）

路径	标准化路径系数	*p* 值
体验式创业教育→创业能力	0.85	***

注：*** 表示 $p<0.001$。

2）细分维度。本部分深入研究体验式创业教育各维度，将其细分为体验式创业理论教育、体验式创业师资力量和体验式创业实践教育，具体分析结果如表5.19所示。可以看出，三个维度对创业能力均具有显著影响：创业理论教育→创业能力（$\beta=0.28$，$p<0.001$）；创业师资力量→创业能力（$\beta=0.30$，$p<0.001$）；创业实践教育→创业能力（$\beta=0.79$，$p<0.001$）。该结果说明：体验式创业理论教育对创业能力具有正向影响，即假设H2a成立；师资力量对创业能力具有正向影响，即假设H2b成立；体验式创业实践教育对创业能力具有正向影响，即假设H2c成立。

表5.19　直接影响标准化路径系数显著性（细分）

路径	标准化路径系数	*p* 值
创业理论教育→创业能力	0.28	***
创业师资力量→创业能力	0.30	***
创业实践教育→创业能力	0.79	***

注：***表示 $p<0.001$。

（2）体验式创业教育对就业质量的直接影响路径分析。

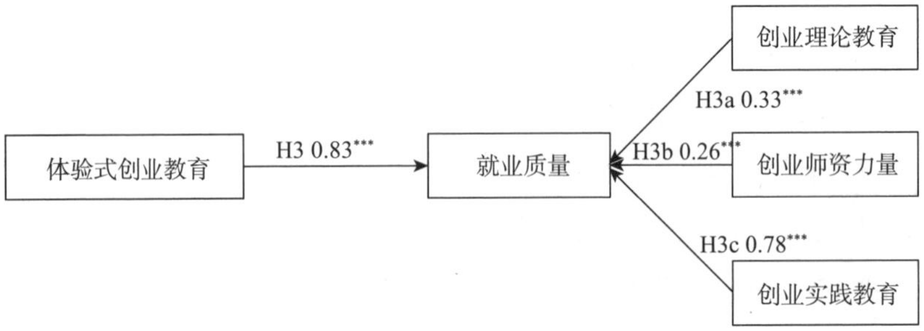

图5.3　体验式创业教育→就业质量模型

注：***表示 $p<0.001$。

1）整体维度。本部分根据调研收集的数据构建结构方程模型进行路径分析，考察体验式创业教育整体维度对大学毕业生就业质量的影响，输出结果如表5.20所示，体验式创业教育→就业质量（$\beta=0.83$，$p<0.001$）。该结果说明，体验式创业教育能够正向影响就业质量，即假设H3“体验式创业教育对就业质量具有正向影响”获得支持。

表 5.20 直接影响标准化路径系数显著性（整体）

路径	标准化路径系数	p 值
体验式创业教育→就业质量	0.83	***

注：*** 表示 $p<0.001$。

2）细分维度。体验式创业教育的三个维度，即体验式创业理论教育、体验式创业师资力量和体验式创业实践教育对就业质量均具有显著影响。创业理论教育→就业质量（$\beta=0.33$，$p<0.001$）；创业师资力量→就业质量（$\beta=0.26$，$p<0.001$）；创业实践教育→就业质量（$\beta=0.78$，$p<0.001$）。该结果说明，体验式创业理论教育对就业质量具有正向影响，即假设 H3a 成立；体验式创业师资力量对就业质量具有正向影响，即假设 H3b 成立；体验式创业实践教育对创业能力具有正向影响，即假设 H3c 成立。其中，创业实践教育对大学毕业生就业质量的影响最大，创业师资力量的影响最小。因此，高校进行人才培养时要将创业教育与培养学生就业素质相结合，以体验式创业教育带动高校毕业生就业。

表 5.21 直接影响标准化路径系数显著性（细分）

路径	标准化路径系数	p 值
创业理论教育→就业质量	0.33	***
创业师资力量→就业质量	0.26	***
创业实践教育→就业质量	0.78	***

注：*** 表示 $p<0.001$。

2. 中介效应分析

中介变量主要是指，如果自变量 X 影响因变量 Y，而自变量 X 主要通过变量 Z 来对因变量 Y 产生影响，那么变量 Z 就是中介变量。本书的前文已经证明体验式创业教育对创业能力具有直接正向的影响，因此本部分主要研究创业意向在体验式创业教育对创业能力影响路径中是否起中介作用。基于以上研究目的和相关量表设计，本书绘制以创业意向为中介的体验式创业教育对创业能力的间接影响路径模型（见图 5.4）以及标准化路径系数显著性表（见表 5.22）。

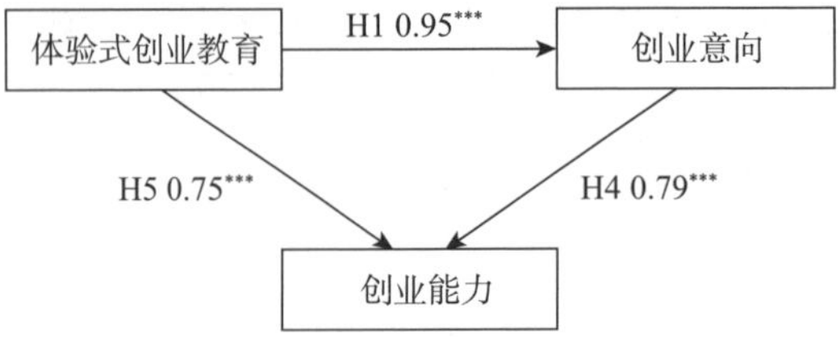

图 5.4　体验式创业教育→创业意向→创业能力模型（整体）

注：*** 表示 $p<0.001$。

（1）整体维度。从表 5.22 中可以看出，体验式创业教育对创业能力的影响系数值和创业意向对创业能力的影响系数值均达到显著性水平：体验式创业教育→创业意向（$\beta=0.95$，$p<0.001$），创业意向→创业能力（$\beta=0.79$，$p<0.001$）。因此，假设 H1“体验式创业教育对创业意向具有正向影响”成立，假设 H4“创业意向对创业能力具有正向影响”成立。同时，创业意向在体验式创业教育对创业能力影响中起中介效应，中介效应为 $0.95\times0.79=0.75$，且体验式创业教育对创业能力的直接效应显著（$\beta=0.75$，$p<0.05$），所以创业意向在体验式创业教育对创业能力影响中起部分中介效应，中介效应在总效应中占比为 0.75/（0.75+0.09）=89.29%，这表明创业意向的中介效应比体验式创业教育对创业能力直接作用的效果更好。因此，假设 H5“创业意向在体验式创业教育对创业能力的影响中存在中介效应”得到支持。

表 5.22　间接影响标准化路径系数显著性（整体）

路径	标准化路径系数	*p* 值
体验式创业教育→创业意向	0.95	***
创业意向→创业能力	0.79	***
体验式创业教育→创业能力	0.75	0.038*

注：* 表示 $p<0.05$；*** 表示 $p<0.001$。

（2）细分维度。本部分将体验式创业教育细分为三大维度，即体验式创业理论教育、体验式创业师资力量、体验式创业实践教育。基于量表内容，本书绘制以创业意向为中介变量的体验式创业教育对创业能力的间接影响路径（见图 5.5）和标准化路径系数显著性表（见表 5.23）。

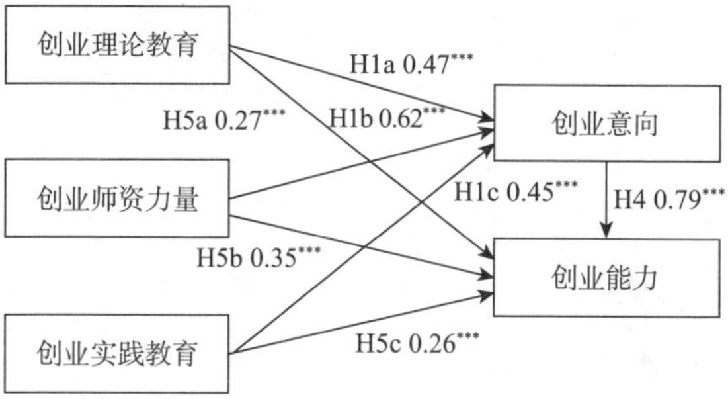

图 5.5　体验式创业教育→创业意向→创业能力模型（细分）

注：＊＊＊表示 $p<0.001$。

表 5.23　间接影响标准化路径系数显著性（细分）

路径	标准化路径系数	p 值
体验式创业理论教育→创业意向	0.47	***
体验式创业师资力量→创业意向	0.62	***
体验式创业实践教育→创业意向	0.45	***
体验式创业理论教育→创业能力	0.26	0.002**
体验式创业师资力量→创业能力	0.36	***
体验式创业实践教育→创业能力	0.11	0.179
创业意向→创业能力	0.57	***

注：＊＊＊表示 $p<0.001$。

体验式创业理论教育→创业意向（$\beta=0.47$，$p<0.001$）路径中达到显著性水平，说明体验式创业理论教育体系越完善，学生的创业意向越强。因此假设 H1a“体验式创业理论教育对创业意向具有正向影响”得到支持。

体验式创业师资力量→创业意向（$\beta=0.62$，$p<0.001$）路径中达到显著性水平，说明高校师资力量越强，学生的创业热情越高。因此，假设 H1b“体验式创业师资力量对创业意向具有正向影响”得到支持。

体验式创业实践教育→创业意向（$\beta=0.45$，$p<0.001$）路径中达到显著性水平，说明体验式创业实践教育体系越完善，越有助于加强学生的创业意向。因此，假设 H1c“体验式创业实践教育对创业意向具有正向影响”得到支持。

本部分通过进行创业意向在体验式创业理论教育对创业能力影响路径中的中介效应分析发现，体验式创业理论教育→创业意向（$\beta = 0.47$，$p < 0.001$）、创业意向→创业能力（$\beta = 0.57$，$p < 0.001$），创业意向在体验式创业理论教育对创业能力影响路径中存在中介效应，中介效应为 $0.47 \times 0.57 = 0.27$，中介效应在总效应中占比为 0.27/（0.27 + 0.26）= 50.94%，且体验式创业理论教育对创业能力的直接影响效应（$p < 0.001$）显著，所以创业意向起部分中介作用。因此，假设 H5a“创业意向在体验式创业理论教育对创业能力的影响中存在中介效应”得到支持。

本部分通过进行创业意向在体验式创业师资力量对创业能力影响路径中的中介效应分析发现，体验式创业师资力量→创业意向（$\beta = 0.62$，$p < 0.001$）、创业意向→创业能力（$\beta = 0.57$，$p < 0.001$，创业意向在体验式创业师资力量对创业能力影响路径中存在中介效应，中介效应为 $0.62 \times 0.57 = 0.35$，中介效应在总效应中占比为 0.35/（0.35 + 0.36）= 49.30%，且体验式创业师资力量对创业能力直接影响效应（$p < 0.001$）显著，所以创业意向起部分中介作用。因此，假设 H5b“创业意向在体验式创业师资力量对创业能力的影响中存在中介效应”得到支持。

本部分通过进行创业意向在体验式创业实践教育对创业能力影响路径中的中介效应分析发现，体验式创业实践教育→创业意向（$\beta = 0.45$，$p < 0.001$）、创业意向→创业能力（$\beta = 0.57$，$p < 0.001$）、体验式创业实践教育→创业能力（$\beta = 0.11$，$p < 0.001$），创业意向在体验式创业实践教育对创业能力的影响机制中 p 值存在大于 0.001 的路径，中介作用不显著，所以假设 H5c“创业意向在体验式创业师资力量对创业能力的影响中存在中介效应”未得到支持。

本部分在对创业意向的中介效应假设进行检验时发现，创业意向在体验式创业教育对创业能力的影响路径中起中介效应；在体验式创业教育→创业意向→创业能力路径中，创业意向除了在体验式创业实践教育→创业能力路径中无中介效应外，在体验式创业教育→创业能力和体验式创业师资力量→创业能力路径中均存在显著的中介效应。

（四）假设检验结果汇总

根据模型检验结果可以看出，除 H5c 以外本部分的假设均成立，假设验证结果汇总见表 5.24。

表 5.24　假设验证结果汇总

假设	假设内容	结果
H1	体验式创业教育对创业意向具有正向影响	支持
H1a	体验式创业理论教育对创业意向具有正向影响	支持
H1b	体验式创业师资力量对创业意向具有正向影响	支持
H1c	体验式创业实践教育对创业意向具有正向影响	支持
H2	体验式创业教育对创业能力具有正向影响	支持
H2a	体验式创业理论教育对创业能力具有正向影响	支持
H2b	体验式创业师资力量对创业能力具有正向影响	支持
H2c	体验式创业实践教育对创业能力具有正向影响	支持
H3	体验式创业教育对就业质量具有正向影响	支持
H3a	体验式创业理论教育对就业质量具有正向影响	支持
H3b	体验式创业师资力量对就业质量具有正向影响	支持
H3c	体验式创业实践教育对创业能力具有正向影响	支持
H4	创业意向对创业能力具有正向影响	支持
H5	创业意向在体验式创业教育对创业能力的影响中存在中介效应	支持
H5a	创业意向在体验式创业理论教育对创业能力的影响中存在中介效应	支持
H5b	创业意向在体验式创业师资力量对创业能力的影响中存在中介效应	支持
H5c	创业意向在体验式创业实践教育对创业能力的影响中存在中介效应	不支持

第四节　体验式创业教育的作用及启示

一、体验式创业教育的作用

本部分以体验式创业教育的发展现状为研究背景，依托计划行为理论，采用问卷方式进行调研分析，深入了解体验式创业教育对学生创业就业的影响机制。通过对体验式创业教育、创业能力、创业意向以及就业质量4个变量关系的研究，提出5组假设，并进行信效度分析、验证性因子分析以及路径分析，得出以下3个结论。

第一，体验式创业教育对学生创业能力的发展具有直接推动作用。从教育学的视角来看，创业作为一门具有边界的学科可以通过理论和实践的形式传授给学生，“创业可教”成为学者普遍接受的观点，但学校如何教、学生如何学，学术界并没有给出明确的结论，本部分以体验式教育为切入点，通过实证分析出体验式创业教育对学生创业能力发展的推动作用。其中实践活动对学生创业能力的发展影响最大，师资力量对学生能力也具有一定影响，理论课程的作用最小。因此，可以适度提高体验式创业实践教育的开展频率，在活动中有意识地加强对学生创业能力的引导。此外，高校创业师资队伍水平越高越有助于学生能力的提高，体验式创业理论课程应和社会实际紧密结合。

第二，体验式创业教育对就业质量的提高具有直接推动作用。毕业生就业质量的提高依靠自身就业素质的提高。高校对大学生创新意识和创业能力的培养直接影响大学生的就业情况。本部分通过实证分析发现，体验式创业教育对毕业生就业质量的影响显著，其中实践活动和理论教育对就业质量影响较大，因此可以进一步得出，高校开展的创业实践活动越多、创业理论教育体系越完善，越有助于提高毕业生的就业质量。

第三，创业意向在体验式创业教育对创业能力的影响中起到部分中介作用。本部分的实证分析表明，体验式创业教育对创业意向具有正向显著影响，创业意向也可以正向影响创业能力，创业意向在体验式创业教育对创业能力的影响中具有中介作用。其中，体验式创业师资力量和体验式创业理论教育遵循中介影响机制，但体验式创业实践教育不存在这种中介作用。由此可知，完善的创业理论课程体系以及优秀的创业教师队伍可以增强学生的创业意向并可以进一步促进学生创业能力的提高。

二、体验式创业教育的启示

基于本部分的研究结论可以发现，体验式创业教育对学生的能力发展具有很强的促进作用。在多主体的视角下，本部分在对策建议中除了突出强调加大高校管理者对体验式创业教育模式的创新力度、加快提升体验式创业教育师资队伍的专业度以及增加实践活动开展频率外，还提出要注重发挥社会与政府对促进体验式创业教育发展的协同作用，具体建议如下。

第一，完善高校创业理论课程体系，改革人才培养模式。创业课程的设置不仅应该注重提高创业教育课程的普及率，还应该提高创业课程的质量，开发既具有个性又具有共性的课程，要抓住社会发展共性、紧跟时代潮流，授课的内容做到不断更新与时俱进。除了一般创业必修课外，还可以给具有强烈创业意向的同学提供有针对性的精选课程。

第二，加强高校创业教师队伍建设，打造专业指导团队。相比国外，体验式创业教育在我国国内发展时间短，创业教师团队经验欠缺。高校创业课程涉及知识面广，要求授课者应当具有教育学、管理学、经济学、社会学等方面的相关知识，因此有必要通过对教师的培训来打造一支具备创业经历和交叉学科知识的专业教师队伍。

第三，鼓励学生参加创业实践活动，提高其创业就业能力。体验式创业教育与实践活动紧密联系，学生想要提高创业就业能力就要摆脱“纸上谈兵”。一方面，高校要为学生提供创业实践的机会，如开展创业竞赛活动、开设创业培训或讲座、引进创业孵化园等；另一方面，高校要鼓励学生的参与积极性，为其提供场地、技术、资金等方面的支持，在校园形成浓厚的创业氛围。

第四，发挥政府和社会对高校创业的协同作用，形成“三位一体”的发展格局。想要带动高校体验式创业教育的发展，就要充分利用政府和社会资源。一方面，政府可以为大学生提供创业就业咨询、管理、法律、资金等方面的公共产品；另一方面，高校可以邀请社会成功企业家进入校园开设创业讲座，加强校企合作和社会联系。

第六章　创业教育、社会资本与大学生就业质量

第一节　就业质量作用机制研究现状

一、创业教育的作用

顾晶晶（2018）通过研究大学生就业质量的影响因素发现，创新创业教育对大学生就业满意度的影响最强，其认为开展高质量的创业教育可以提升大学生的就业满意度，从大学生个人角度提升其就业质量。吴斯娜（2015）从个人角度研究创业教育与大学生就业质量之间的关系，认为大学生的就业质量与大学生的就业能力有关，开展创业教育有助于提升大学生的能力，进而促进其就业，提高其就业质量。秦学斌等（2018）从创业实践教育的角度探索创业教育对就业质量的影响，研究表明，实践教育可以提高学生的动手能力，进而促进其开展创业活动，从而提高其就业质量。邰玉明（2015）基于高校角度发现，创新创业教育对提升大学生就业质量的作用十分明显，高校教育的功能之一就是为了促进学生更快地就业，因此高校开展创新创业教育是必然趋势。Artur 等（2018）从企业的角度，认为大学生要提高就业质量，一定要明确企业对人才的需求，有针对性地参与创业教育，迎合企业的发展需要。

根据上述学者的论述，本书从创业知识教育、创业实践教育和创业教育师资力量三个维度对创业教育与大学生就业质量进行研究。

二、社会资本的作用

在大学生求职过程中，社会资本的积累可以为大学生提供更多可靠的就业信息，减少大学生在创业就业过程中的寻找成本，为大学生提供就业帮助。学者从不同角度对社会资本与大学生就业质量的关系进行阐述。张文玉和蒋承（2018）从家庭社会资本的角度出发，认为大学生在求职过程中具有明显的体制内偏好和明显的家庭传统偏好，家庭社会资本积累较为丰厚的大学生倾向于利用家庭社会资本获得体制内工作。与张文玉和蒋承（2018）的研究相比，James（2015）的研究更为细致，其从家庭和学校的角度，认为社会资本的获得成为学生就业成功和未来生活保障的重要因素之一。辛斐斐（2019）从家庭、学校和个人三个角度出发，认为家庭的经济地位、学校的整体水平以及毕业生具备的各类关系等均可能影响大学生的就业质量。不同于上述学者的观点，邹宇春和周晓春（2016）认为，不同的社会资本发挥的作用各不相同，其从实证角度对家庭社会资本和学校社会资本如何影响大学生的就业质量以及影响效果进行研究后发现，如果学生想出国深造或是考研，那么学校社会资本的作用更大；如果学生选择就业，那么家庭社会资本可以发挥更加积极的作用。

韩璐璠（2016）和胡荣、浓珊（2018）的研究不仅把社会资本进行分类，还从家庭社会资本的角度出发，将家庭社会资本进行更详细的分类。其研究认为，家庭社会资本可以分为家庭经济性资本、家庭文化性资本和家庭关系性资本。尤其是在胡荣和浓珊（2018）的研究中，认为家庭经济性资本就是财务资本，家长可以利用这些财务资本对孩子进行教育投资，改善孩子的学习环境，提高孩子的知识和实践能力，从而提高孩子未来的就业质量。

根据上述学者的研究，本书把社会资本分为家庭社会资本、个人社会资本和学校社会资本三个维度进行研究。

三、自我效能感的作用

自我效能感是指个体对自身能力的一种信心，其是影响大学生发展的重要因素，在大学生就业质量问题中发挥重要的作用。

学者从自我效能感的影响因素、作用以及如何提高自我效能感等角度对自我效能感进行阐述。关于自我效能感的影响因素，魏巍和李强（2015）从社会资本的角度出发，认为社会资本的积累有助于提升学生的自我效能感，高质量的社会资本可以为学生提供更多的信息，提升学生的自信心。胡蓓和田楹（2013）同样基于社会资本的角度，把社会资本分为四个维度，即认知、关系、结构、资源，并研究社会资本对自我效能感的影响。结果发现，社会资本的四个维度对自我效能感具有不同程度的正向影响。李成彦和李彦茜（2019）从创业教育的角度出发，认为学生通过参加创业课程培训，可以收获一定的知识和技能。创业知识的增加和创业技能的获得可以提高大学生的自我认知，进而影响学生的创业/就业选择。在自我效能感的作用方面，李宜娟（2018）从学习能力的角度出发，认为自我效能感可以优化学生的学习策略，改善学生的学习效果。陈静和李卫东（2011）的研究主要侧重自我效能感和就业能力，认为自我效能感在就业能力的影响因素中发挥中介作用。在如何提升自我效能感方面，李庆华和刘迪（2015）认为，高校应积极同社会建立联系，为大学生提供更多参与社会实践、锻炼自我的机会，让他们学会面对困难、解决问题，从而帮助大学生准确找到个人特长并且积极施展才能。

根据上述学者的研究，本书把自我效能感作为创业教育、社会资本与大学生就业质量之间的中介，进而更好地理顺创业教育、社会资本与大学生就业质量之间的逻辑关系。

第二节　就业质量评价体系分析

随着时代的发展，就业质量评价标准不断完善，岗位的发展空间和福利水平也越来越重要，但薪酬水平和工作的稳定性仍然是评价就业质量的重要指标（卫铁林，2013）。张抗私和朱晨（2017）对此观点亦表示赞同，认为工资收入是大学生就业质量评价体系中最重要的因素，同时，随着社会的发展，越来越多的大学生开始关注非收入因素对自身就业质量的影响，其中，就业的保障性和稳定性成为衡量大学生就业质量的重要标准。陈曦（2011）的研究较张抗私和朱晨（2018）的研究更加精准，他认为初次就业质量在大学生就业质量评价中的作用尤为重要，衡量大学生就业质量的指标主要包括薪酬福利和就业满意度等，其中起决定作用的是发展空间、薪酬福利和就业满意度。齐鹏和程晓丹（2019）从毕业生满意度、社会评价满意度和雇主满意度三个维度构建大学生就业质量评价体系，并在这三个大指标下设置二级指标。

综合上述学者的观点，本书从毕业生满意度层面评价大学生的就业质量，主要通过薪酬福利、个人发展和就业满意度三个指标进行测量。

第三节　创业教育、社会资本对大学生就业质量的影响分析

一、研究假设

（一）社会资本与大学生就业质量

中国比较重视社会网络、人际关系等社会资本对个人发展的影响，个人具备的社会资本在很大程度上可以决定大学生求职就业过程中可以应用的各种信息资源。目前的就业市场比较严峻，就业信息不通畅是重要的原因之一，而社会资本刚好可以有效地解决这种信息不通畅。贺媛（2016）在已有研究的基础上，根据社会资本理论从高校社会资本、个人性格外倾性、大学生在校参加的社会实践经验、家庭经济地位四个维度研究社会资本对大学生就业满意度的影响。其研究发现，社会资本有助于提高大学生的就业满意度，进而提升其就业质量。王颖和李慧清（2015）基于大学生在校成绩，认为文化资本和社会资本有助于提高大学生就业质量。在此基础上，本部分从个人社会资本、家庭社会资本和学校社会资本三个层面研究社会资本对大学生就业质量的影响。结合关于社会资本与就业质量的相关研究，本书提

出以下假设。

H1a：个人社会资本对大学生就业质量具有显著正向作用。

H1b：家庭社会资本对大学生就业质量具有显著正向作用。

H1c：学校社会资本对大学生就业质量具有显著正向作用。

（二）创业教育与大学生就业质量

教育在个人发展中发挥着不可替代的作用，创业教育是一种新型的教育理念，它不仅可以为大学生的职业生涯规划提供专业知识，而且可以让学生尽快适应社会、紧跟社会发展节奏；创业教育更注重培养学生的创新思维和实践能力，这样可以提高大学生获得高质量的工作岗位的可能性。葛宝山和宁德鹏（2017）通过研究3万多份来自全国26个省份的高校数据后认为，创业教育的满意度对大学生的创业行为具有正向作用，其中创业教育课程体系、创业实践教育和创业教育师资力量在影响创业行为时发挥较为重要的作用。与葛宝山和宁德鹏（2017）的观点有所不同的是，任胜钢等（2017）认为，创业教育可以促进大学生的创业绩效，与创业理论教育相比，创业实践教育发挥的作用更大。综合以上观点，本部分从创业知识教育、创业实践教育、创业教育师资力量三个维度研究创业教育对就业质量的影响。结合前文关于创业教育和大学生就业质量之间关系的研究，本书提出以下研究假设。

H2a：创业知识教育对大学生就业质量具有显著正向作用。

H2b：创业实践教育对大学生就业质量具有显著正向作用。

H2c：创业教育师资力量对大学生就业质量具有显著正向作用。

（三）社会资本与自我效能感

个人具备的社会资本的数量和质量对个人的自信心、行动力等方面产生积极的影响，即提升自我效能感。具体而言，家庭社会资本可以为大学生求职就业提供真实可靠的信息，学校社会资本可以为大学生提供更多的实践机会，个人社会资本可以提高大学生的社交能力，这些均有助于大学生自我效能感的提升。

朱高侠等（2014）从家庭社会资本的角度研究发现，父母的受教育程度越高，其子女的自我效能感越好。这是因为父母具有较高的学历，在孩子求职就业的过程中可以给予一定的支持，增加孩子在求职过程中的信心。社会资本不仅对学生的自我效能感提升具有促进作用，还对创业者自我效能感的提升具有一定的促进作用。胡蓓等（2013）认为，社会资本的积累有助于创业者与合作者保持较高的信任水平，进而在相关合作中建立良好的伙伴关系，提高创业成功的可能性，提升创业者对创业的激情，增强其自我效能感。结合以上观点并且综合本书对社会资本的分类，本书提出以下研究假设。

H3a：个人社会资本对自我效能感具有显著正向作用。

H3b：家庭社会资本对自我效能感具有显著正向作用。

H3c：学校社会资本对自我效能感具有显著正向作用。

（四）创业教育与自我效能感

创业课程的开展是影响大学生就业质量的重要因素，大学生通过参加本校开设的创业教育课程可以增强自信心，培养学生的创业和就业意识。创业知识教育可以让学生积累知识、提高能力；创业教育师资力量的培养可以提高创业教育质量。

靳义君（2018）认为，创业教育的开展可以改善大学生对创业的认知，即经过创业教育可以激发大学生的创业热情，增强大学生在创业实践活动中的担当，提升其在团队中的自我效能感。孙春玲等（2015）从创业能力教育的角度出发，认为创业教育可以提升大学生在创业过程中的决策能力，而决策能力是提升自我效能感的重要因素。根据本书对创业教育的分类以及前文对自我效能感的描述，结合上述学者的观点，本书提出以下研究假设。

H4a：创业知识教育对自我效能感具有显著正向作用。

H4b：创业实践教育对自我效能感具有显著正向作用。

H4c：创业教育师资力量对自我效能感具有显著正向作用。

（五）自我效能感与大学生就业质量

自我效能感可以改善大学生在求职过程中的精神状态，积极向上的情绪有助于大学生顺利就业。陈静和李卫东（2011）从就业能力的角度出发，认为当大学生的自我效能感提高时，对自身的要求也会随之提高，进而大学生的就业能力也会有效提高，就业能力的提高会改善大学生的工作状况，提高大学生的就业质量。本书基于自我效能感对大学生就业质量产生的影响，提出以下研究假设。

H5：自我效能感对提高大学生就业质量具有显著正向作用。

（六）自我效能感的中介作用

任立肖等（2018）将自我效能感作为中介变量，研究创业教育和就业质量的协同作用。结合上文关于创业教育、社会资本和大学生就业质量的相关研究，本部分选择自我效能感作为创业教育、社会资本与大学生就业质量的中介变量。李爱国和曾宪君（2018）认为，个人的成长经历和社会资本的支撑可以提高大学生的自我效能感，大学生的自我效能感又可以影响大学生的创业动机，自我效能感在整个创业过程中起中介效应。魏巍和李强（2015）认为，自我效能感在社会资本与创业意向之间存在部分中介效应。以上两位学者均是从社会资本的角度出发，落脚点却是在创业意向上，因此，创业教育可以提升个人的知识和能力，从而可以提高个人的自我效能感；社会资本的积累也可以提高大学生的自信心，促进大学生积极求职就业。因此，将自我效能感作为中介变量是十分合理的。

根据本书对社会资本的划分，结合前文论述的社会资本、大学生就业质量和自我效能感的关系，本书提出以下研究假设。

H6a：自我效能感在个人社会资本与大学生就业质量之间存在中介效应。

H6b：自我效能感在家庭社会资本与大学生就业质量之间存在中介效应。

H6c：自我效能感在学校社会资本与大学生就业质量之间存在中介效应。

根据前文对创业教育的划分，以及自我效能感与创业教育、就业质量之间的关系，本书提出以下研究假设。

H7a：自我效能感在创业知识教育与大学生就业质量之间存在中介效应。

H7b：自我效能感在创业实践教育与大学生就业质量之间存在中介效应。

H7c：自我效能感在创业教育师资力量与大学生就业质量之间存在中介

效应。

二、研究方案设计

（一）模型构建

依据社会资本理论、强关系理论和结构洞理论，以创业教育和社会资本作为自变量，大学生就业质量作为因变量，以自我效能感为中介构建概念模型，如图 6.1 所示。

图 6.1　创业教育和社会资本对大学生就业质量影响的概念模型

该模型首先研究创业教育、社会资本和就业质量的相关性，其次引入自我效能感作为中介，检验自我效能感的中介效应；将创业教育划分为三个维度，即创业知识教育、创业实践教育、创业教育师资力量，将社会资本划分为个人社会资本、家庭社会资本和学校社会资本，从不同的维度研究四者之间的关系。

（二）量表设计

根据上述分析，本部分研究的测度量表如表 6.1 所示。

表 6.1　量表设计

一级指标	量表编号	具体测度内容	参考文献
薪酬福利	Y11	对自身收入感到满意	卫铁林（2013）
	Y12	自身能力与薪酬待遇相匹配	
	Y13	享受的社会保险种类齐全	
个人发展	Y21	从事的工作有助于提高知识技能	
	Y22	从事的工作与专业相匹配	
	Y23	享受的社会保险种类齐全	

续表

一级指标	量表编号	具体测度内容	参考文献
就业满意度	Y31	单位所在地经济发展水平高，商业环境好	刘彦林和马莉萍（2019） 于仁财等（2007）
	Y32	愿意继续在本单位工作	
	Y33	所在单位规模大且声誉好	
自我效能感	M1	具有非常良好的创新能力	韩力争和傅宏（2014）
	M2	具有非常好的人际交往能力	
	M3	具有非常好的自信心	
个人社会资本	X11	在大学期间积极主动结交新朋友	贺媛（2016） Liao 和 Welsch（2005）
	X12	在大学期间担任过校、院、班级学生干部	
	X13	在大学期间经常参加社会实践活动	
家庭社会资本	X21	家庭月收入水平高于平均收入水平	邹宇春和周晓春（2016）
	X22	父亲或母亲具有较高的学历水平	
	X23	父亲或母亲具有较高的职位层次	
学校社会资本	X31	就读高校经常为学生提供就业指导	王颖和李慧清（2015）
	X32	就读高校具有较高的社会知名度	
	X33	有很多知名的企业来本校招聘	
创业知识教育	X41	经常参加创业理论课程教育	任胜钢等（2017） 葛宝山和宁德鹏（2017）
	X42	毕业院校具有完整的创业课程教育体系	
	X43	经常参加成功企业家的创业教育讲座	
创业实践教育	X51	毕业院校经常组织学生参加创业大赛	
	X52	大学期间经常主动参加创业大赛活动	
	X53	对学校的创业实践教育体系很满意	
创业教育师资力量	X61	毕业院校的教师对创业教育很重视	
	X62	经常受到创业导师的指导	
	X63	创业教师的指导很有帮助	

（三）问卷设计

1. 问卷设计原则

本书参考钟柏昌和黄峰（2012）提出的十项问卷设计原则，即清晰性、单一性、完整性、规范性、简单性、中立性、敏感性、排他性、可靠性和间接性，在问卷设计时遵循如下具体原则。

（1）清晰性。本问卷涉及的问题尽量避免专业词汇，均使用生活化用语，选项设置程度区分较明显，不存在歧义性选项。

（2）完整性。根据本书对创业教育和社会资本的分类，问卷设计针对自变量分类，每个分类分别设置三个问题进行测度。

（3）排他性。在设计问卷时，笔者力求涉及全部相关可能性，各选项之间存在绝对的互斥关系。在有关研究变量的问题中，答案全部采用从完全不同意/不满意到完全同意/满意等五个等级表示。

2. 问卷具体内容

问卷的第一部分是基本信息，共有四个问题，分别是性别、毕业院校类别、受访者在大学期间的学习成绩以及受访者毕业后是否参加了工作。其中，在回答毕业后是否参加了工作这个问题时，如果受访者回答否，那么这位受访者不是本书的调研目标，问卷直接跳转到最后，对这位受访者的调研结束。

问卷的第二部分是因变量，即有关就业质量的相关调研。本书从薪酬福利、个人发展和就业满意度三个层面衡量就业质量，每个维度各设计三个问题。薪酬福利包括收入满意度、薪酬与能力的匹配度和社会保障；个人发展维度包括专业匹配度、专业技能的发展以及兴趣吻合度；就业满意度包括单位所在地经济发展、商业环境、就业意愿以及单位规模。

问卷的第三个部分是社会资本调研，本书将社会资本划分为个人社会资本、家庭社会资本和学校社会资本三个维度，每个维度各设置三个问题。

问卷的第四个部分是创业教育调研，本书将创业教育划分为创业知识教育、创业实践教育和创业教育师资力量三个维度，每个维度各设置三个问题。

问卷的第五个部分是中介变量，即自我效能感调研，包括受访者对自我信心的感知、对自我创新能力的感知以及对自我沟通能力的感知三个方面。

（四）数据收集和处理

本书将设计好的问卷通过QQ、微信、邮箱等社交媒体进行发放，并邀请高校参加工作的毕业生根据自己的实际情况作答，再将完成的问卷通过问卷星后台直接汇总数据。本书共收集了370份问卷，经过预处理，得到有效问卷292份。

在进行检验前，本书利用主成分分析法对就业质量的测度指标进行因子分析后发现，*Y*13，*Y*22，*Y*33的贡献度较其他指标偏低，因此剔除以上三个测度指标，并把剩下的因变量测度指标编号按顺序改写为*Y*1，*Y*2，*Y*3，*Y*4，*Y*5，*Y*6。其具体内容如表6.2所示。

表6.2 公因子方差

编号	初始	提取
*Y*1	1.000	0.576
*Y*2	1.000	0.564
*Y*3	1.000	0.560
*Y*4	1.000	0.732
*Y*5	1.000	0.523
*Y*6	1.000	0.576

三、实证分析和假设检验

（一）样本描述

本部分研究的样本量为292，样本的最大值为5，最小值为1；样本的标准差集中于1.2~1.4，相对较小，标准差越小说明样本的离散程度越低、数据分布更集中。具体样本描述如表6.3所示。

表6.3 样本描述

	样本数（份）	最小值	最大值	平均值	标准差
*X*11	292	1	5	3.57	1.721
*X*12	292	1	5	3.27	1.207
*X*13	292	1	5	3.38	1.258
*X*21	292	1	5	3.06	1.378
*X*22	292	1	5	2.99	1.401

续表

	样本数（份）	最小值	最大值	平均值	标准差
*X*23	292	1	5	3.09	1.281
*X*31	292	1	5	2.78	1.324
*X*32	292	1	5	2.77	1.341
*X*33	292	1	5	2.80	1.338
*X*41	292	1	5	2.84	1.414
*X*42	292	1	5	3.10	1.425
*X*43	292	1	5	3.02	1.335
*X*51	292	1	5	3.48	1.264
*X*52	292	1	5	3.45	1.225
*X*53	292	1	5	3.47	1.211
*X*61	292	1	5	4.15	1.210
*X*62	292	1	5	4.01	1.339
*X*63	292	1	5	3.89	1.323
*M*1	292	1	5	2.70	1.361
*M*2	292	1	5	2.87	1.274
*M*3	292	1	5	3.22	1.128
*Y*1	292	1	5	2.57	1.145
*Y*2	292	1	5	2.64	1.180
*Y*3	292	1	5	2.42	1.195
*Y*4	292	1	5	2.41	1.255
*Y*5	292	1	5	2.57	1.169
*Y*6	292	1	5	2.45	1.204

（二）信度分析

信度分析用于检验数据的可靠性，信度分析主要通过 α 系数完成，如果 α 值高于 0.8，则说明信度较高；如果 α 值介于 0.7 ~ 0.8，则说明信度良好；如果 α 值介于 0.6 ~ 0.7，则说明信度可接受；如果 α 值小于 0.6，则说明信度不佳。

1. 总体信度分析

本书使用SPSS软件对数据进行信度分析，结果表明量表总的可信度系数为0.890，说明整体量表数据的可靠性较高，符合本研究对数据的要求，可以进行下一步研究。总体信度分析结果如表6.4所示。

表6.4　总体信度

Cronbach's α 系数	项数
0.890	27

2. 具体信度分析

本书对各因变量的信度进行分析，结果表明绝大多数因变量的可信度系数大于0.800，只有*X*4的信度系数为0.785，但是也远大于0.600，数据质量较高，符合因子分析的要求，可以进行下一步分析。具体信度分析结果如表6.5所示。

表6.5　具体信度

	Cronbach's α 系数	项数
*X*11		
*X*12	0.897	3
*X*13		
*X*21		
*X*22	0.930	3
*X*23		
*X*31		
*X*32	0.929	3
*X*33		
*X*41		
*X*42	0.785	3
*X*43		

续表

	Cronbach's α 系数	项数
X51		
X52	0.913	3
X53		
X61		
X62	0.920	3
X63		
M1		
M2	0.859	3
M3		
Y1		
Y2		
Y3	0.961	6
Y4		
Y5		
Y6		

（三）效度分析

效度用于检验数据的有效性，测量结果与想要考察的内容越吻合，则说明效度越高。本书采用 SPSS 软件对数据进行探索性因子分析，根据分析结果检验数据的有效性。

1. 因子模型适应性分析

本书主要利用 KMO 检验和 Bartlett's 球形度检验分析数据的效度。KMO 值越接近 1，说明效度越高，进而可以进行因子分析。如果 KMO 值大于 0.8，则说明效度较高，比较适合做因子分析；如果 KMO 值介于 0.6～0.8，则说明能够接受进行因子分析；如果 KMO 值小于 0.6，则说明效度过低，问卷设计不符合研究目的，不适合进行因子分析。本问卷的 KMO 值为 0.852，说明本量表总体的效度较高，问卷题目以及选项的设置较合理。本问卷的 Bartlett's 球形度检验的自由度为 351，近似卡方值为 6623.026，显著性概率 Sig 接近 0，说明本问卷收集的数据适合进行因子分析。效度分析如表 6.6 所示。

表 6.6 效度分析

KMO 取样适切性量数	—	**0.852**
Bartlett's 球形度检验	近似卡方	6623.026
	自由度	351.000
	显著性	0.000

2. 因子分析结果

本书的因子分析结果如表 6.7 所示。从具备信度的 27 个问题中提取的 8 个主因子解释的方差约为总体的 85.583%，说明这 8 个公因子可以充分提取和解释原变量的信息。

表 6.7 因子分析结果

单位:%

	初始特征值			提取载荷平方和			旋转载荷平方和		
成分	总计	方差百分比	累积百分比	总计	方差百分比	累积百分比	总计	方差百分比	累积百分比
1	8.263	30.605	30.605	8.263	30.605	30.605	5.084	18.830	18.830
2	3.433	12.713	43.318	3.433	12.713	43.318	2.673	9.901	28.732
3	2.423	8.947	52.292	2.423	8.947	52.292	2.653	9.824	38.556
4	2.142	7.934	60.226	2.142	7.934	60.226	2.624	9.718	48.274
5	1.914	7.090	67.317	1.914	7.090	67.317	2.612	9.674	57.949
6	1.722	6.378	73.695	1.722	6.378	73.695	2.517	9.323	67.272
7	1.576	5.839	79.533	1.576	5.839	79.533	2，232	8.265	75.537
8	1.093	4.049	83.583	1.093	4.049	83.583	2.172	8.046	83.583
9	0.546	2.021	85.603						
10	0.396	1.466	87.069						
11	0.375	1.387	88.457						
12	0.310	1.147	89.064						
13	0.301	1.114	90.717						
14	0.280	1.036	91.754						
15	0.258	0.955	92.709						

续表

初始特征值				提取载荷平方和			旋转载荷平方和		
成分	总计	方差百分比	累积百分比	总计	方差百分比	累积百分比	总计	方差百分比	累积百分比
16	0.255	0.944	93.653						
17	0.238	0.880	94.533						
18	0.223	0.825	95.358						
19	0.206	0.764	96.122						
20	0.185	0.686	96.808						
21	0.176	0.651	97.460						
22	0.156	0.579	98.039						
23	0.151	0.559	98.598						
24	0.136	0.504	99.102						
25	0.113	0.418	99.520						
26	0.081	0.300	99.820						
27	0.049	0.180	100.000						

3. 旋转后的因子载荷矩阵分析结果

从表6.8中可以看出，因素分析结果共得到8个因素，各测量题目的因子载荷量均大于0.500，每个题目均落入对应的因素中，说明本书的量表具有良好的结构效度，可以利用结构方程进行实证分析。

表6.8 因子载荷矩阵

变量	成分							
	1	2	3	4	5	6	7	8
*X*11						0.855		
*X*12						0.881		
*X*13						0.892		
*X*21		0.923						
*X*22		0.928						
*X*23		0.923						
*X*31			0.892					

续表

变量	成分							
	1	2	3	4	5	6	7	8
*X*32			0.921					
*X*33			0.905					
*X*41								0.724
*X*42								0.839
*X*43								0.820
*X*51					0.878			
*X*52					0.905			
*X*53					0.903			
*X*61				0.893				
*X*62				0.904				
*X*63				0.899				
*M*1							0.843	
*M*2							0.809	
*M*3							0.737	
*Y*1	0.790							
*Y*2	0.802							
*Y*3	0.890							
*Y*4	0.903							
*Y*5	0.874							
*Y*6	0.891							

综上所述，本调查问卷问题设置以及数据质量在信度和效度方面是具有保证的。

（四）实证分析

1. 结构方程模型构建

本书根据前文构建的概念模型，采用 AMOS 软件构建结构方程，验证创业教育、社会资本、自我效能感和大学生就业质量之间的关系，结构方程模型如图 6.2 所示。

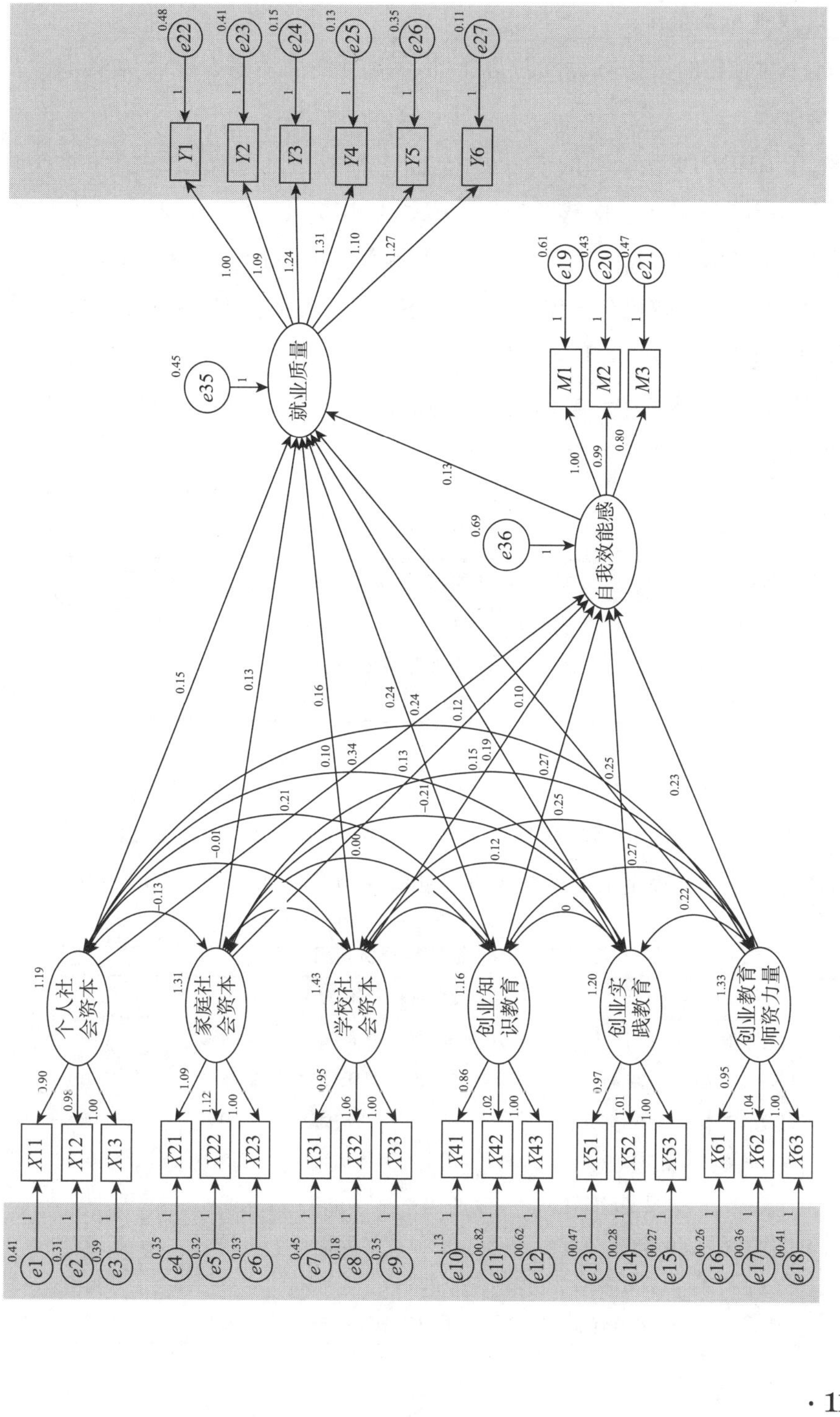
就业质量
自我效能感
个人社会资本
家庭社会资本
学校社会资本
创业知识教育
创业实践教育
创业教育师资力量
Y1
Y2
Y3
Y4
Y5
Y6
M1
M2
M3
X11
X12
X13
X21
X22
X23
X31
X32
X33
X41
X42
X43
X51
X52
X53
X61
X62
X63
e35
e36

图6.2 结构方程模型

2. 模型拟合指标

本书对构建的结构方程通过以下指标进行测度，模型拟合优度分析如表 6.9 所示。

（1）CMIN/DF 为模型的卡方自由度。CMIN/DF 值越小，说明假设模型的协方差矩阵与实际数据越匹配。本书的 CMIN/DF 值为 1.727，远小于 3，模型的协方差矩阵与真实数据更贴合，表明模型的适配度可以接受。

（2）GFI 是比较拟合指数。GFI 值越接近 1，说明模型的拟合度越好。本书的 GFI 值为 0.864，说明模型拟合度良好。

（3）NCP 是非集中性参数。NCP 的值越小，说明模型拟合度越好。本书的 NCP 值为 0，说明模型的拟合度良好。

表 6.9　模型拟合优度分析

测量指标	整体拟合系数	评价标准
CMIN/DF	1.727	<3
GFI	0.864	>0.9
NCP	0.000	<0.05

3. 相关性分析

根据 AMOS 软件构建的结构方程输出结果检验社会资本、创业教育与自我效能感和大学生就业质量的相关性。相关性分析结果如表 6.10 所示。

表 6.10　相关性分析结果

假设	Estimate	S. E.	C. R.	p 值
自我效能感←个人社会资本	0.298	0.061	4.098	0
自我效能感←家庭社会资本	0.125	0.053	2.353	0.019
自我效能感←学校社会资本	0.145	0.052	2.802	0.005
自我效能感←创业知识教育	0.272	0.065	4.191	0
自我效能感←创业实践教育	0.198	0.058	3.395	0
自我效能感←创业教育师资力量	0.234	0.056	4.194	0
就业质量←自我效能感	0.128	0.059	2.176	0.030
就业质量←个人社会资本	0.146	0.048	3.060	0.002

续表

假设	Estimate	S. E.	C. R.	*p* 值
就业质量←家庭社会资本	0. 130	0. 040	3. 212	0. 001
就业质量←学校社会资本	0. 163	0. 040	4. 089	0. 000
就业质量←创业知识教育	0. 239	0. 052	4. 570	0. 000
就业质量←创业实践教育	0. 123	0. 045	2. 755	0. 006
就业质量←创业教育师资力量	0. 099	0. 043	2. 298	0. 022

由表6. 10相关数据可以得出以下结论。

在社会资本与自我效能感的相关性方面，社会资本的三个维度，即个人社会资本、家庭社会资本、学校社会资本与自我效能感的相关系数均为正值，且 p 值均小于0. 05，通过显著性检验，说明个人社会资本、家庭社会资本、学校社会资本与自我效能感之间存在显著的正向关系。

在创业教育和自我效能感的相关性方面，创业知识教育、创业教育师资力量、创业实践教育与自我效能感的相关系数均为正值，且 p 值均小于0. 05，通过显著性检验，说明创业知识教育、创业实践教育、创业教育师资力量与自我效能感之间存在显著的正向关系。

自我效能感与大学生就业质量之间的相关系数为正值，且 p 值小于0. 05，通过显著性检验，说明自我效能感与就业质量之间存在显著的正向关系。

在社会资本与大学生就业质量的相关性方面，社会资本的三个维度，即个人社会资本、家庭社会资本、学校社会资本与大学生就业质量之间的相关系数均为正值，且 p 值均小于0. 05，通过显著性检验，说明个人社会资本、家庭社会资本、学校社会资本与大学生就业质量之间存在显著的正向关系。

在创业教育与大学生就业质量的相关性方面，创业教育的三个维度，即创业知识教育、创业实践教育、创业教育师资力量与大学生就业质量之间的相关系数均为正值，且 p 值均小于0. 05，通过显著性检验，说明创业知识教育、创业实践教育、创业教育师资力量与大学生就业质量之间存在显著的正向关系。

4. 中介效应分析

在社会资本、创业教育、自我效能感和大学生就业质量之间的相关性均通过显著性检验之后，需要进一步研究潜变量之间的中介效应。

（1）中介效应检验模型。检验中介效应是否存在，实际上就是检验从自变量 X 到中介变量 M 再到因变量 Y 的两条路径是否同时显著。如果这两条路径同时显著，说明 M 在 X 和 Y 之间起中介作用，模型的中介效应明显。如果 X 到 Y 的直接路径不显著，则说明该模型具有完全中介效应；如果 X 到 Y 的直接路径同时显著，则说明该模型具有部分中介效应。

（2）中介效应检验结果分析。本部分假设自我效能感在社会资本、创业教育与大学生就业质量之间起到中介作用，采用 Bootstrap 法进行中介效应的检验。抽样次数为 3000 次，有偏校正置信水平为 95%，表 6.11 为 AMOS 软件构建模型输出的中介效应检验结果。

表 6.11　中介效应检验结果

		个人社会资本	家庭社会资本	学校社会资本	创业知识教育	创业实践教育	创业教育师资力量
就业质量	上限	0.083	0.047	0.053	0.082	0.064	0.069
	下限	0.002	0.001	0.001	0.004	0.003	0.003

由表 6.11 可知，社会资本、创业教育各维度对就业质量间接效应的上限和下限之间均不包括 0，因此创业教育、社会资本各维度对就业质量通过自我效能感的中介效应是显著的。结合上文创业教育、社会资本与就业质量的正向相关关系也是显著的结论，因此自我效能感起部分中介作用。

（五）结论及建议

相关性分析结果和中介效应检验结果分别如表 6.12 和表 6.13 所示。

表 6.12 相关性分析结果

	Estimate	S. E.	C. R.	p 值	路径检验	假设检验
就业质量←个人社会资本	0. 146	0. 048	3. 060	0. 002	成立	H1a 成立
就业质量←家庭社会资本	0. 130	0. 040	3. 212	0. 001	成立	H1b 成立
就业质量←学校社会资本	0. 163	0. 040	4. 089	0	成立	H1c 成立
就业质量←创业知识教育	0. 239	0. 052	4. 570	0	成立	H2a 成立
就业质量←创业实践教育	0. 123	0. 045	2. 755	0. 006	成立	H2b 成立
就业质量←创业教育师资力量	0. 099	0. 043	2. 298	0. 022	成立	H2c 成立
自我效能感←个人社会资本	0. 298	0. 061	4. 098	0	成立	H3a 成立
自我效能感←家庭社会资本	0. 125	0. 053	2. 353	0. 019	成立	H3b 成立
自我效能感←学校社会资本	0. 145	0. 052	2. 802	0. 005	成立	H3c 成立
自我效能感←创业知识教育	0. 272	0. 065	4. 191	0	成立	H4a 成立
自我效能感←创业实践教育	0. 198	0. 058	3. 395	0	成立	H4b 成立
自我效能感←创业教育师资力量	0. 234	0. 056	4. 194	0	成立	H4c 成立
就业质量←自我效能感	0. 128	0. 059	2. 176	0. 030	成立	H5 成立

表 6.13 中介效应检验结果

		个人社会资本	家庭社会资本	学校社会资本	创业知识教育	创业实践教育	创业教育师资力量
就业质量	上限	0. 083	0. 047	0. 053	0. 082	0. 064	0. 069
	下限	0. 002	0. 001	0. 001	0. 004	0. 003	0. 003
中介效应		显著	显著	显著	显著	显著	显著
路径检验		成立	成立	成立	成立	成立	成立
假设检验		H6a 成立	H6b 成立	H6c 成立	H7a 成立	H7b 成立	H7c 成立

根据检验结果，本书得出以下结论。

（1）创业教育与大学生就业质量之间存在显著的正向关系。高校开展高质量的创业知识教育和形式多样的创业实践教育，提高从事创业教育教师的综合素质，均有助于提升大学生的就业质量。

（2）社会资本与大学生就业质量之间存在显著的正向关系。大学生在校期间积极参与实践活动，努力提高自己的社交沟通能力，形成质量较高的个人社会资本，有助于提高大学生的就业质量；大学生所属家庭具有质量较高、范围较广的社交网络，家庭社会资本积累较多，可以为大学生提供更多的就业信息，进而提高大学生的就业质量；大学生毕业院校的整体水平越高，学校为学生提供的就业信息越多，大学生的就业质量也随之越高。

(3) 创业教育与自我效能感之间存在显著的正向关系。创业教育的开展是在高质量创业教师指导下进行的，创业教育不仅包括创业知识教育，还包括创业实践教育，学生参加创业教育，均可以提高学生对就业市场的敏感度、丰富学生的知识、提升学生的动手能力，使学生在工作中更具优势，由此提升大学生就业创业的自信心，提升学生的自我效能感。

(4) 社会资本与自我效能感之间存在显著的正向关系。社会资本可从个人社会资本、家庭社会资本和学校社会资本三个角度进行分析。大学生在学习生活中积极参与群体活动，善于与人沟通交流，可以提升自己在群体中的地位，形成自信心，提高自己的自我效能感；家庭社会资本的积累可以使学生在求职过程中掌握更多的就业信息，学生掌握的信息越多，自信心也随之提升；学校社会资本的积累有助于学校为学生就业提供更多的机会和实践的平台，学生在此过程中可以积累经验、提升自我效能感。

(5) 自我效能感与就业质量之间存在显著的正向关系。自身能力较强或者自身掌握的相关信息较多的大学生在求职过程中往往容易建立自信心，自信心较强的大学生在求职过程中更容易受到青睐，也更容易实现高质量的就业。

(6) 自我效能感在创业教育、社会资本和就业质量之间具有中介效应。大学生在参加创业教育和进行资本积累的过程中，获得的信息、掌握的知识技能可以更新大学生的个人认知，提升大学生的自我效能感，进而提升大学生的就业质量。

本书通过研究发现，创业教育、社会资本在自我效能感的中介作用下，可以对大学生就业质量产生显著的正向作用，基于此，本书提出以下建议。

(1) 社会资本方面。在社会活动中，大学生会与外界建立各种联系并形成各种资本，社会资本就是其中之一。大学生应在学校中积极参加实践活动，建立属于自己的关系网，形成个人社会资本；应充分利用学校提供的各种便利，利用学校社会资本；在家庭中，大学生应善于借助亲戚朋友的力量，利用父母的社会资本提高就业质量。

（2）创业教育方面。创业教育要考虑社会、企业和学生三者的需求，提高从事创业教育的教师素质。学生应该加强对创业教育的重视程度，积极参加学校开展的创业教育，提升能力，进而提高就业质量。

（3）自我效能感方面。影响自我效能感的因素有很多，大学生应积极参加创业教育并利用自己具备的社会资本提高自我效能感，同时要注意其他方面对自我效能感的促进作用，如培养才艺及兴趣等。

第七章　河南省高校创业教育对大学生创业的影响

第一节　国内外高校创业教育研究现状

一、国外高校创业教育研究现状

本书从以下三个阶段对国外学者的相关研究进行介绍。

（1）实证研究阶段。一是 TPB 理论分析。Kadir 等（2012）通过问卷的方式对马来西亚大学的学生创业进行调查，针对专业背景不同的学生，统计分析得出，高校的创业教育对创业群体的影响是比较显著的。此外，态度因素和行为因素也具有较大的影响，大学应该重视创业文化的建设。Merle 等（2014）以经济发展水平为标准，通过对十多个国家的样本分析，将相关国家划分为创新型和效率型两类，用统计方法分析创业意向的影响因素。调查表明，高校的创业群体对在线创业指导的需求远大于线下创业讲座和创业培训，创业教育与互联网相结合的紧密程度可以直接影响高校学生的创业潜在需求。二是对比实验分析。Stamboulis 和 Barlas（2014）通过对 160 余名参加创业培训的高校学生使用对比实验的方法调查研究后发现，创业培训可以影响高校学生的创业激情、自我审视、外部感知和职业规划等，高校创业教育能够给学生带来实用知识，进而帮助他们掌握创业技能。

（2）创业课程研究阶段。一是负相关或无影响。Graevenitz 等（2010）的研究表明，高校创业课程的设置对学生的创业活动并没有显著影响，在德国，个别学校创业课程的设置对高校学生具有负面影响。这可能是因为学生在接触创业教育课程时发现，创业并不简单，所以知难而退。其研究提出，创业课程应包括领导力等诸多方面，同时应重视学生的综合发展和能力提升。二是显著的正向影响。Khaoula 和 Younes（2014）对外国研究生进行调研，检验创业意向、创业资源、创业能力等因素之间的关系。该研究主要从创业意向和个人形象及知识迁移的能力方面进行调查，结果表明，创业课程对具有创业意愿的人群产生正向影响。

（3）教育评估研究阶段。Sondari（2014）通过广泛的实证分析发现，高校的创业教育能够在某种程度上缓解高校毕业生的失业率，并指出创业教育在创业初始期对学生的影响最大，这也说明高校创业教育能够促进创业活动的发展。Kirkwood 等（2014）通过高校学生对个人创业活动的评价反馈说明，高校创业群体的意见对创业教育是十分重要且有效的。

二、国内高校创业教育研究现状

（1）课程培训对高校学生创业的影响。陈璐和赵頔（2015）提出，创业课程具有普遍性、全面性等特点，创业课程是高校创业教育的重要形式，应该通过完善高校创业教育体系、引进优质教师资源，提高高校创业教育的质量。段利民和杜跃平（2012）根据对 GEM 模型的二次分析发现，创业培训能够使高校学生对创业项目的自信度明显提高，且参与过培训的人更倾向于选择创业。王妍（2017）从供给侧结构性改革的角度提出，创业教育课程应该结合不同学校、不同专业形成自己的教育特色。

（2）创业比赛对高校学生创业的影响。谭立章和钱津津（2015）认为，创业实践是课堂创业教育的丰富与延展，高校学生创业实践可以开拓就业创业市场、实现产学研一体化、推动社会经济发展；其主张采用“3 + 2”（三个平台：学生社团、创业竞赛、电商经营；两个评价体系：创业群体自我评价、导师指导评价）模式，帮助学生积累相关经验、提升相关能力。刘星喜和王聪（2014）主张，创业教育应与文化相结合，他们通过对高校学生创业意向、选择及能力等方面的调研提出，在创业实践环节应多建设创业比赛、第二课堂等平台，充分利用实验室、基金项目和具有地域特色优势的基地，增加大学生的实践经验。

(3) 创业文化对高校学生创业的影响。王文科（2012）认为，创业文化是高校学生创业思维和各种影响因素的综合表述，有证据表明，创业文化及环境与大学生创业的成功率呈正相关；通过研究发现，高校的创业社团对学生的创业意向具有积极作用，了解创业政策的学生更容易在未来的创业中取得成功。

第二节　高校创业教育对大学生创业的影响因素分析

一、研究假设与模型

（一）模型构建

根据研究目的，本部分共包括 6 个主要研究变量。其中，高校创业教育对高校学生创业的影响程度（Y）为因变量；$X1$ ~ $X5$ 为自变量，其分别对应高校创业文化影响度、高校创业培训影响度、高校创业课程影响度、高校创业比赛影响度、互联网与高校创业教育的融合度，每个维度下设 3 ~ 5 个选项。

高校创业教育对高校学生创业的影响因素如表 7.1 所示。

表 7.1　高校创业教育对高校学生创业的影响因素

标识	维度	具象
$X1$	高校创业文化	学校创业氛围
		学校创业宣传力度
		学校创业政策
		讨论话题频率
$X2$	高校创业培训	创业培训频率
		创业培训参加意愿
		创业团队针对性培训

续表

标识	维度	具象
*X*3	高校创业课程	开设创业类课程 对课程了解程度 创业的想法 对待创业类课程的态度
*X*4	高校创业比赛	创业类比赛了解程度 对创业比赛的感兴趣程度 参加创业比赛的同学数量 比赛对提升创业热情的程度
*X*5	互联网影响度	相关平台创业推送报道 利用互联网进行创业的数量 “互联网 + 创业教育”了解程度 互联网创业教育支持程度
Y	创业教育对高校学生创业影响度	今后接触创业课程可能性 今后创业地点 接受创业培训程度 创业借助互联网的可能性 参与各类创业比赛

本部分的调研使用 5 分量表进行打分，相关研究的变量及对应的题目见表 7.2。

表 7.2　五分量表

分值	1	2	3	4	5
含义	非常不符合	不符合	一般	符合	非常符合

（二）研究假设

本书根据相关研究，提出以下假设。

假设 H1：高校创业文化氛围越浓厚，其对学生创业的影响程度就越大。

假设 H2：高校创业培训体系越健全，其影响高校学生创业的程度就越大。

假设 H3：高校创业课程对高校学生创业具有积极影响。

假设 H4：高校创业比赛举办的次数越多、水平越高，其对高校学生创业的影响程度就越大。

假设 H5：创业教育与互联网的融合程度越高，其对高校学生创业的影响程度就会越大。

二、研究设计

本部分的调查样本为河南省内高校，涉及大学一年级到大学四年级学生及研究生。调查问卷主要包括两部分：一是被调查者的基本信息，包括个人性别、年龄、受教育程度及是否参加过创业项目或者创业比赛等，本部分的问题采用单项选择形式；二是问卷的具体内容，主要是创业教育的具体影响因素等，共 29 个题项，具体内容见表 7.3。

表 7.3 影响因素与题项对应表

标识	影响因素	对应题项
$X1$	高校创业文化	您认为学校的创业氛围如何 您认为学校对学生的创业宣传力度如何 您对学校的创业政策了解程度如何 您身边的人讨论高校学生创业话题的频率如何
$X2$	高校创业培训	您认为学校组织的创业培训频率如何 如果有创业培训，您愿意参加吗 您认为高校学生创业团队进行针对性培训的必要性大吗
$X3$	高校创业课程	您认为大学开设创业类课程的必要性有多大 您对创业类课程的了解程度如何 在修读创业类课程后，您是否有一些创业的想法 您对待创业类课程的态度是什么
$X4$	高校创业比赛	您对创业类比赛的了解程度如何 您对创业比赛的感兴趣程度如何 您认识的人中参加创业比赛的多吗 您认为创业比赛是否能够提升高校学生创业的热情

续表

标识	影响因素	对应题项
X5	互联网影响度	您是否在学校相关平台上看到关于创业的推送报道
		您身边利用互联网进行创业的人多吗
		您是否了解"互联网+创业教育"
		您是否支持以互联网形式开展创业教育
Y	创业教育对高校学生创业影响度	您是否有意愿让您的员工或合作伙伴接触创业课程
		您是否愿意将创业地点选在创业孵化园或者相似的地点
		您创业时是否会主动接受相关创业培训
		您创业时借助互联网的可能性有多少
		您会经常带着您的创业项目参与各类创业比赛吗

三、统计结果与分析

（一）受访者基本信息统计

此次调查共回收问卷265份，其中有效问卷259份，有效率为97.7%。性别分布方面，女性占调查总人数的53%，男性占47%；年龄分布方面，18岁以下的占调查总人数的4%、18～22岁的占比为76%、22～27岁的占比为12%、27岁及以上的占比为8%；年级分布方面，大学一年级及以下的占比为17%、大学二年级的占比为22%、大学三年级的占比为23%、大学四年级的占比为26%、研究生及以上的占比为12%；在对高校学生是否参加过创业项目以及创业比赛的调查中，参加过创业比赛的同学占调查总人数的51%；在对是否参与过创业项目的调查中，参与过创业项目或者创业实践的同学占调查总人数的32%。样本信息统计表如表7.4所示。

表7.4　样本信息统计表

题项	类别	样本数（份）	百分比（%）	累计百分比（%）
性别	男	122	47	47
	女	137	53	100

续表

题项	类别	样本数（份）	百分比（%）	累计百分比（%）
年龄	18 岁以下	10	4	4
	18～22 岁	198	76	80
	22～27 岁	30	12	92
	27 岁及以上	21	8	100
年级	大学一年级及以下	45	17	17
	大学二年级	58	22	39
	大学三年级	59	23	62
	大学四年级	67	26	88
	研究生	30	12	100
参与创业比赛	是	132	51	51
	否	127	49	100
参与创业实践	是	82	32	32
	否	177	68	100

（二）描述性统计分析

本书采用 SPSS 软件对相关问题进行描述性统计分析，包括最大值、最小值、平均数、标准差、偏度和峰度等。需要注意的是，只有满足｜偏度｜<3 且｜峰度｜<10 的条件后，才可以进行后续分析。根据表 7.5 至表 7.10 可知，*X*1～*X*5 及 *Y* 均符合条件。

表 7.5　统计分析表（*X*1）

题项代码	N	最小值	最大值	平均数	标准差	偏度	峰度
*Q*6	259	1.00	5.00	3.0888	0.95835	0.034	0.055
*Q*7	259	1.00	5.00	3.1583	0.92029	0.011	-0.322
*Q*8	259	1.00	5.00	2.5521	0.98839	0.170	-0.369
*Q*9	259	1.00	5.00	3.0232	0.98410	-0.120	-0.498

表 7.6　统计分析表（X2）

题项代码	N	最小值	最大值	平均数	标准差	偏度	峰度
Q10	259	1.00	4.00	2.8456	0.72556	-0.001	-0.597
Q11	259	2.00	4.00	3.2201	0.68329	-0.310	-0.858
Q12	259	1.00	5.00	3.2896	0.81002	-0.288	0.180

表 7.7　统计分析表（X3）

题项代码	N	最小值	最大值	平均数	标准差	偏度	峰度
Q13	259	1.00	5.00	3.4324	1.08114	-0.297	-0.593
Q14	259	1.00	5.00	3.6718	0.97866	0.148	-0.376
Q15	259	1.00	5.00	3.0541	1.05147	0.113	-0.394

表 7.8　统计分析表（X4）

题项代码	N	最小值	最大值	平均数	标准差	偏度	峰度
Q16	259	1.00	5.00	3.1815	0.86820	-0.002	0.293
Q17	259	1.00	5.00	2.8340	0.87573	0.295	0.214
Q18	259	1.00	5.00	2.7683	0.88943	0.106	-0.061
Q19	259	1.00	5.00	2.8147	0.85159	0.099	-0.042
Q20	259	1.00	5.00	2.5328	1.04264	0.167	-0.254

表 7.9　统计分析表（X5）

题项代码	N	最小值	最大值	平均数	标准差	偏度	峰度
Q21	259	1.00	5.00	3.2896	0.98296	-0.285	-0.773
Q22	259	1.00	5.00	3.3591	0.98753	-0.103	-0.381
Q23	259	1.00	5.00	3.1776	1.00740	-0.286	-0.848
Q24	259	1.00	5.00	3.6023	0.82132	-0.113	0.649

表 7.10　统计分析表（Y）

题项代码	N	最小值	最大值	平均数	标准差	偏度	峰度
Q25	259	1.00	5.00	3.2162	0.93156	-0.212	-0.282
Q26	259	1.00	5.00	3.4286	0.96334	-0.241	-0.377

续表

题项代码	N	最小值	最大值	平均数	标准差	偏度	峰度
*Q*27	259	1.00	5.00	3.1931	0.94078	0.084	-0.155
*Q*28	259	1.00	5.00	3.4749	0.99726	-0.285	-0.308
*Q*29	259	1.00	5.00	3.5290	0.90334	-0.298	0.776

（三）效度与信度分析

为保证调研结果的可靠性，本部分进行效度和信度分析。本书对结构效度的检验采用的是因子分析法，首先利用 KMO 和 Bartlett's 球形检验题项之间是否适合进行因子分析，KMO 值释义表见表 7.11。

表 7.11　KMO 值释义表

KMO 值	≥0.9	0.8~0.9	0.7~0.8	0.6~0.7	0.5~0.6	≤0.5
程度	非常适合	适合	可以	勉强可以	不太适合	极不适合

需要注意的是，KMO 取值范围在 0~1，通过主成分分析法对公共因子进行提取，累计解释变异量如果大于 60%，且各题项因子均大于 0.5，则说明量表的构建效度较好。

表 7.12　效度分析表

变量	*X*1	*X*2	*X*3	*X*4	*X*5	*Y*
KMO 值	0.745	0.796	0.758	0.718	0.725	0.840
显著性	0.000**	0.000**	0.000**	0.000**	0.000**	0.000**

注：** 表示在 0.01 水平（双侧）上显著相关。

其中，内部一致性主要通过 Cronbach's α 系数进行检验。α 系数大于 0.800 表明内部一致性极好，低于 0.600 则需要重新修订量表。本书将 14 个相关研究变量归纳为五个维度，即高校创业文化、高校创业培训、高校创业课程、高校创业比赛、互联网影响度，对其进行综合分析，信度分析如表 7.13 所示。

表 7.13 信度分析表

因素名称	包含题项数量	α 系数
高校创业文化	4	0.784
高校创业培训	3	0.729
高校创业课程	3	0.612
高校创业比赛	5	0.703
互联网影响度	4	0.700
高校创业教育对高校学生创业的影响度	5	0.814

表 7.13 说明，高校创业文化、高校创业培训、高校创业课程、高校创业比赛、互联网影响度、高校创业教育对高校学生创业的影响度的 Cronbach 's α 系数均大于 0.600，说明该量表可以接受。

（四）相关分析

本书考察五个维度间的相关性，其中高校创业文化影响度为 *X*1、高校创业培训影响度为 *X*2、高校创业课程影响度为 *X*3、高校创业比赛影响度为 *X*4、互联网影响度与高校创业教育的融合度为 *X*5，*X*1 ~ *X*5 均为自变量；高校创业教育对高校学生创业的影响程度为 *Y*，*Y* 为因变量。应用 SPSS 软件进行相关性分析，相关分析如表 7.14 所示。

表 7.14 相关分析表

研究数据	*X*1	*X*2	*X*3	*X*4	*X*5	*Y*
*X*1	1.000	0.682**	0.506**	0.612**	0.634**	0.622**
*X*2	0.682**	1.000	0.721**	0.635**	0.654*	0.597**
*X*3	0.506**	0.721**	1.000	0.624**	0.533**	0.689**
*X*4	0.612**	0.635**	0.624**	1.000	0.489**	0.630**
*X*5	0.634**	0.654*	0.533**	0.489**	1.000	0.648**
Y	0.622**	0.597**	0.689**	0.630**	0.648**	1.000

注：** 表示在 0.01 水平（双侧）上显著相关；* 表示在 0.05 水平（双侧）上显著相关。

（五）回归分析

为更好地检验并总结数据之间的关系，明确高校创业文化影响度、高校创业培训影响度、高校创业课程影响度、高校创业比赛影响度、互联网影响度与高校创业教育的融合度，本书通过 SPSS 软件对相关数据进行多元线性回归处理，得到相应回归系数，并创建回归方程式，对每个自变量对因变量的影响进行分析，具体结果如表 7.15 所示。

表 7.15　决定系数表

模式	解释变量的复相关系数	R^2	调整后 R^2	估计标准误差	杜宾—瓦特森统计量
1	0.801	0.790	0.786	0.55976	1.729

由表 7.15 可知，决定系数 R^2 为 0.790，表明对高校学生创业的影响度可以释义的程度为 79%；调整后的 R^2 为 0.786，表明释义程度很高。杜宾—瓦特森的统计量为 1.729，验证了假想。

表 7.16　回归分析表

模型	平方和	df	均方	F	Sig
回归	53.709	5	10.742	34.238	0.000a
残差	79.272	253	0.313		
总和	132.980	258			

从表 7.16 可以看出，回归显著性为 0.000，表示该回归方程明显。说明高校创业文化影响度、高校创业培训影响度、高校创业课程影响度、高校创业比赛影响度、互联网影响度与高校创业教育的融合度这五个自变量具有显著的线性关系，这五个自变量的改变会引起因变量的改变，其变化能够通过创业教育影响度的变化来反映。

由表 7.17 可知，$X1$ 因素的 Sig 值大于 0.05，说明 $X1$ 因素不显著，因此假设 H1 不成立。$X2$、$X3$、$X4$ 和 $X5$ 因素的 Sig 值均小于 0.05，故将其纳入方程式模型。观察表 7.17 的非标准化系数可得到回归模型为：

$$Y = 0.558 \times X2 + 0.79 \times X3 - 0.4 \times X4 + 0.65 \times X5 + 0.631$$

表 7.17 多元回归分析表

模型	非标准化系数		标准化系数	t	Sig	共线性	
	B	标准误差	Beta 分布			VIF	容忍值
常量	0.631	0.062	—	3.554	0.000	—	—
X1	0.458	0.053	0.061	1.094	0.275	1.304	0.767
X2	0.558	0.071	0.517	2.216	0.028	1.189	0.841
X3	0.790	0.054	0.632	9.136	0.000	1.440	0.695
X4	-0.400	0.069	-0.371	-2.876	0.004	1.493	0.670
X5	0.650	0.057	0.541	4.419	0.000	1.258	0.795

四、数据分析结论

研究结果表明，在高校创业教育的主体供给中，高校的创业文化对高校学生创业没有产生显著影响，即假设 H1 不成立。实证分析说明，高校创业比赛不仅没有促进高校学生创业的热情，甚至起到反作用，假设 H4 不成立。在其他的供给因素中，对高校学生创业影响最强烈的是高校创业课程，其次是互联网与创业教育的融合度，最后是高校创业培训对学生的影响程度，所以假设 H2、假设 H3 和假设 H5 成立。

通过研究可以发现，为促进河南省高校学生创业的进一步发展，应着力完善高校创业培训的体系，提高创业课程的质量和数量，提高学生对创业课程的兴趣。现有创业课程、创业培训等作为高校创业教育的具体供给内容，应与网络深度融合，促进高校的创业教育水平进一步提高。高校需要明确，创业文化或者创业环境对高校学生的影响有限，并且难以产生直接促进作用。值得注意的是，调研结果与预期相反，高校创业比赛这一长期以来被认为是非常重要的创业供给因素，但其与高校学生的创业活动呈反向相关。以 2016 年全国大学生创业大赛为例，2016 年，全国一等奖和二等奖获奖项目总计 364 个，河南省只有 5 个项目获奖，且均为二等奖，占全国总量的 1.37%。河南省的获奖状况仅和教育资源相对贫乏的新疆、青海、云南等地区持平。由此可见，河南省高校的创新创业教育产出有限，且水平亟待提高，创业赛事的短期功利化倾向也会影响学生创业能力的发展。

第三节 基于供给侧结构性改革视角下的高校创业教育对策建议

一、健全高校创业培训供给体系

第一，引入社会创业力量。学校创业相对于社会创业具有一定的局限性，引入社会创业成功人士进校园，能使学生在创业时以不同的视角看待问题；同时，社会上的成功创业者具有丰富的创业经验，邀请他们来培训高校学生，既能提高创业的成功率，又能避免“闭门造车”带来的成本浪费。

第二，建设立体培训体系。在进行创业培训时，可以跳出固有的课堂讲授的惯性思维，根据具体情况灵活设计，如培训的地点可以是会议室、办公室，也可以是咖啡厅、茶馆等；培训的形式可以是访谈、电话，也可以是采访、授课等。高校应当比较和借鉴各种优秀的培训思维与培训模式，通过校际联动、校企合作等方式对大学生创业群体进行针对性训练、定制化培养，针对不同的创业行业和群体细分培训方案，建立多元化的立体培训体系。

二、完善高校创业课程

第一，优化高校创业课程结构。创业教育的实施需要载体，而课程就是高校实施创业教育的重要载体之一。高校可适当增加创业课程的比重以及学分权重，积极引导学生重视创业教育课程；将创业教育与创新教育有机结合，针对不同发展需求的学生群体采取差异化教育策略；将创新创业教育与专业课程有机融合，针对不同专业的学生群体突出创新创业课程特色。

第二，提高高校创业课程质量。结合互联网、多媒体、人工智能等先进技术，深入应用“互联网+教育”的模式，开发一批专业的高校创业课程的微课、慕课等精品课程资源，促进高校创业课程的质量提升和普及传播。

三、建立高校创业比赛追踪评价机制

图 7.1 为追踪评价体系的原理，即由计划、实施、评价、改进、再计划，形成的完整的闭环管理。

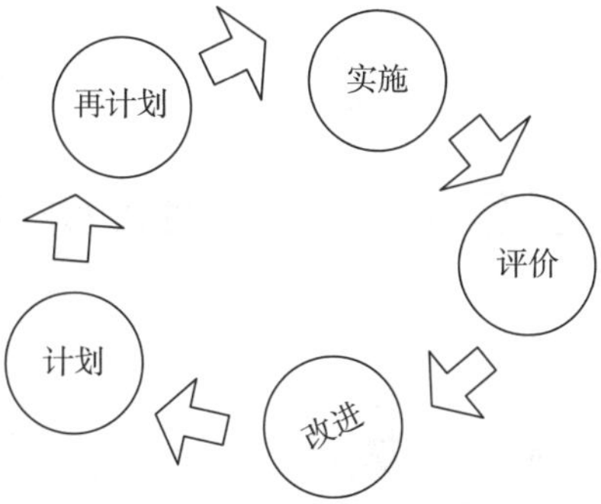

图 7.1　追踪评价机制

调查发现，河南省高校现有的竞赛机制忽视了评价环节的作用，现有流程一般可以概括为计划和实施，其所组织的创业竞赛具有范围广、周期长、项目大的特点，取得了一定的成绩。但比赛结束后，对创业项目是否能够存续发展缺乏跟踪和反馈。因此，高校应建立完善的赛后评价体系，对参与对象进行持续调研，总结成功的经验和失败的教训，在循环改进中提高创业比赛供给质量。

四、加快互联网与高校创业教育的融合

互联网和 AI 技术的发展给各行各业带来机遇与挑战，高校在进行创业教育的同时也应借助互联网技术。现有技术可以支持互联网和创业教育的融合，实现真实场景化的创业教育模式。例如，北京信息科技大学通过投资建设“个性化智能支付云系统”，提供低风险的全仿真实训，该方案已经得到良好的应用。河南省高校在发展创业教育的关键时期，应当充分借鉴国内高校和相关行业的成功经验及案例，利用新一轮信息技术的发展为河南省高校创业教育的供给侧结构性改革助力。

第八章　在校大学生创业意愿及影响因素

第一节　创业意愿及影响因素研究现状分析

一、创业意愿概念研究现状

（一）创业意愿概念研究

威克姆创业模型显示，创业活动包括创业者、机会、组织和资源四个要素，其中创业者是创业活动的中心，创业者在创业过程中的作用表现在对创业机会的识别和确认、对创业资源的管理和创业组织的领导，同时处理机会、资源和组织之间的有效关系上。Krueger 等（2000）认为，创业意愿是潜在创业者是否选择从事创业活动的一种主观态度，它是人们对创业的态度和能力及是否具有创业者特征的描述。范巍和王重鸣（2004）通过创业意愿维度结构的实证分析认为，只有具有创业意愿的潜在创业者，才真正可能从事创业活动。祝敏丹（2012）提出，创业意愿是创业行为的预测，提高创业意愿可以极大地调动大学生创业的热情和创业行为。

（二）创业意愿的主要影响因素研究

Laura Brancu 等（2012）认为，创业者的创业意向会受国家制度和文化的影响。这与刘海鹰（2010）的观点相同，他认为社会环境因素、大学生背景因素以及学校创业教育等因素均会对大学生创业意愿产生影响。Ben - Roy Do 和 Alaleh Dadvari（2017）认为，创业意愿和态度来自创业者的创新、冒险、成就等特质，通过模型分析表明，具有黑暗三角人格（Dark triad）等负面特征的创业者更倾向于从事创业活动。但李国锋等（2017）认为，创业态度对创业意愿的正向影响效果来自态度对行为的导向作用。从个人层面来看，即使一个人具有良好的创业特质，但如果没有积极的态度去施行，那么也无法促成创业意愿的形成，正向创业态度对创业意愿的形成极为重要。

二、基于创业意愿影响因素的研究

通过对相关文献进行整理归纳可以发现，大部分学者从个体因素和环境因素对创业意愿的影响作用进行研究。个体因素主要研究个体特性因素、心理行为特征等对创业意愿的影响；环境因素主要研究社会环境因素和资源水平因素对创业意愿的影响。

（一）基于个体角度的创业意愿影响因素研究

由于个体差异，当相同的情景摆在不同的个体面前时，不同的个体会做出不同选择，如大学生受教育程度、有无创业经历或意向等均会影响大学生的创业意愿。此外，人口统计学特征包括的性别、性格等因素，也会导致个体创业意愿的差异。

心理行为特征是指一个人具有的较稳定的心理特质，其主要包括成就动机、风险承担倾向及自我效能感等，不同的心理特征对大学生创业意愿的影响机制也各不相同。心理行为特征可以衡量一个人产生积极创业行为的偏向性，并可以在群体里识别不同个体主动影响周围环境的程度差异性。有研究指出，成就动机、风险承担倾向及自我效能感对创业意愿的影响相对于其他因素来说更明显。其中，自我效能感是一种可以促使个体发挥能量进而获得成功的积极力量。王华锋等（2010）指出，如果个体是风险规避型的，则该个体选择创业的可能性较低，反之则较高。吕晓帆（2014）指出，创业意愿受成就动机的影响最显著，因此成就动机强烈的个体与成就动机较弱的个体相比，前者更容易产生创业意愿。

（二）基于环境角度的创业意愿影响因素研究

个体对待创业活动的态度受多种环境因素影响，除宏观因素中的政治、经济、社会、文化等因素外，还包括时间限定、过程难度、不可控因素、他人造成的压力等微观因素。

社会规范、政策与制度环境对创业意愿的影响是显著的。社会规范和政策是一个特定群体或者整个社会的价值观系统，个体行为表现在很大程度上受社会规范与政策的影响。目前大部分学者认为，高校开展创业教育对大学生创业意愿具有积极影响，创业教育的开展对大学生对待创业的态度、是否选择创业、自我效能感等均产生积极作用。高校的创业教育不仅能有效地传播创业知识和技能，还能帮助大学生树立正确的创业价值观；高校开展创业竞赛、组织创业活动能够使学生获得实践性经验，有效提高大学生的创业意愿。成长环境是影响大学生创业意愿的重要环境因素，创业与资金、人际关系网络、社会经验等息息相关，所以，家庭及朋辈在一定程度上直接或间接地影响了大学生的创业意愿。

第二节　创业意愿影响因素研究模型与假设

一、模型构建

通过文献梳理可以发现，创业意愿影响因素的归纳视角各不相同，分类方式多样，总体上可以从个人视角和外部环境视角对创业意愿的影响因素进行研究，其中个人视角包括个人因素、家庭背景、个人心理行为等；外部环境视角包括资源水平、政策、高校创业教育等。本部分的研究模型以三元交互决定论为基础，将影响大学生创业意愿的因素划分为个体特性、心理行为特征、家庭、外部环境及资源。一是个体特征因素方面，主要考察性别、性格、有无创业经历对河南工业大学在校大学生创业意愿的影响；二是心理行为特征方面，考察风险承担倾向、创业动机、自我效能感对河南工业大学在校大学生创业意愿的影响；三是家庭因素方面，考察家庭背景、家人意愿、家人所持态度等对河南工业大学在校大学生创业意愿的影响；四是外部环境及资源因素方面，考察创业相关政策、个人资源水平、社会环境等对河南工业大学在校大学生创业意愿的影响。创业者个人是否能够得到技术及资金支持或社会关系网络等所需资源，将极大地影响创业者是否进行创业，这成为评估在校大学生是否具有创业意愿的一个重要因素，所以个人资源水平也成为本书考察的因素之一。综上，可得如图 8.1 所示的创业意愿影响因素模型。

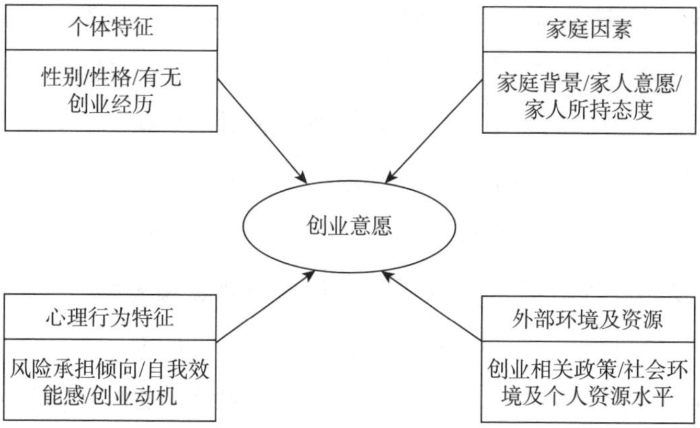

图 8.1　创业意愿影响因素模型

二、研究假设

（一）个体特征因素与创业意愿关系

个体特征因素主要包括性别、性格、有无创业经历等。就性别这一因素来说，国外学者一般认为创业者的性别并没有对创业这一事件产生显著差异，但国内很多学者认为性别对个人创业意愿产生很大差异。向辉等（2014）等通过调查研究认为，男性创业意愿显著高于女性。因此，本书提出以下假设。

H1：性别与大学生创业意愿显著相关。

H2：学生性格与其创业意向呈显著正相关。

（二）家庭因素与创业意愿关系

卢陈等（2017）研究发现，大学生创业意愿受家庭影响较大。家庭的支持和亲友的创业经历均会更好地激发大学生产生创业的想法。因此，本书提出以下假设。

H3：家人态度影响大学生创业意愿。

（三）心理行为特征因素与创业意愿关系

心理行为特征是个体表现的较稳定的心理特质。创业者的自我效能感表现为其在自我成功的创业活动中的自信程度。孙俊华等（2017）研究发现，创业自我效能感高的学生对创业成功更具有信心，其创业意愿更强。王瑾（2013）将自我效能与创业意愿建立关系后发现，自我效能是一种心理资本，心理资本越高，创业的自信程度越高，创业意愿水平就越高。因此，本书提出以下假设。

H4：大学生的自我效能感与其创业意愿呈显著正相关。

（四）资源水平、社会政策环境因素与创业意愿关系

钱永红（2007）认为，创业意愿的影响因素包括个人所获得的资源，且这些因素对创业意愿的影响较大。财务支持、相关技能、社会关系等其他资源也将影响个人创业意愿。在校期间，大学生的实践经验与创业意愿具有较高的相关性，大学生掌握的经验知识越多，越能更快速地运用于实践，创业意愿也就越高。王满四等（2017）通过研究得出，在校期间有过创业学习经历的大学生的创业意愿会更高。李琼（2012）经过调查发现，学校开设由具有创业经验的老师讲授的相关课程，学生的创业意愿会更高。朱蕾蕾（2014）发现，创业环境对大学生创业意愿具有显著的正向影响。同时，社会政策环境因素对大学生创业意愿产生一定影响。因此，本书提出以下假设。

H5：大学生个人资源水平影响其创业意愿。

H6：高校创业教育与大学生创业意愿呈显著正相关。

H7：社会政策环境与大学生创业意愿呈显著正相关。

第三节　在校大学生创业意愿影响因素分析

一、研究设计

（一）问卷设计

为了解河南工业大学在校大学生的创业意愿，本书设计了大学生创业意愿及影响因素调查问卷。该问卷主要由选择题问卷和主体问卷量表构成，分别从学生个体特征情况、心理行为特征、家庭因素、外部环境及创业意愿等维度设计了 19 个题项。其中，个体特征维度包括专业、性别、年级、性格、是否考虑过创业等指标；心理行为特征维度包括风险承担倾向、创业动机、自我效能感等指标；家庭因素维度包括家庭背景、家人所持态度等指标；外部环境因素维度包括资源水平、政府政策、社会环境及高校创业教育等指标。

1. 个体特征因素指标设计

表 8.1　个体特征因素指标题项设计

变量	题项
个体特征因素	专业
	性别
	年级
	性格
	是否考虑过自主创业

2. 心理行为特征因素指标设计

表 8.2　心理行为特征因素指标题项设计

变量	题项
风险承担倾向	创业面临的困难
	创业失败后如何抉择

续表

变量	题项
创业动机	创业能够满足我的物质需求
	创业能够使我的创意和想法得到充分发挥
	创业能够让我自由支配时间、精力和资源等
	渴望取得成就，创业能够实现自我、体验与众不同的愉悦感和满足感
自我效能感	我善于从外部环境识别机会和发现问题
	我能够为创业项目找到新的市场
	我对于创业项目具备独到的思考与创新
	我可以有效降低创业过程中的风险和不确定性
	我相信我能够建立并管理好一个高效的团队
	我可以找到合适的项目投资合伙人

3. 家庭因素指标设计

表 8.3　家庭因素指标题项设计

变量	题项
家庭因素	家庭经济情况
	父母对我创业所持态度
	我能感受到我的家人、朋友、老师等很希望我创业

4. 外部环境因素指标设计

表 8.4　外部环境因素指标题项设计

变量	题项
资源水平	我可以在创业过程中获得资金、技术等对创业具有帮助的资源
	获得这些资源很容易
政府政策	在自主创业方面，希望政府提供哪些帮助
	政府的哪些政策能帮助我更好地创业

续表

变量	题项
社会环境	目前的经济发展形势有助于创业
	大学生创业成为一种趋势
	社会认同、肯定与支持是实现创业行为的前提
高校创业教育	学校很重视学生创业
	主动选修过创业教育课程并参加过学校的各类创业讲座
	我经常主动参加学校组织的创业技能培训或模拟演习
	我经常主动参与创业大赛活动

5. 创业意愿指标设计

表 8.5 创业意愿指标题项设计

变量	题项
创业意向	我认为我的性格和创业者应具备的性格相似
	我认为我具备创业者所需的能力和素质
	我认为我具备创业相关的经验
	我认为我具备创业所需的物质、人脉等资源
	我认为我能胜任创业过程中的各种角色

问卷第二部分使用矩阵量表结构，采用 5 分制进行打分。

（二）效度分析

为保证调研结果的可靠性，本书采用因子分析法对问卷的结构效度进行检验，首先通过 KMO 和 Bartlett's 球形检验，检验问卷题项之间是否适合进行因子分析，具体检验结果如表 8.6 所示。

将量表中的相关问题分别命名为 *Q*13、*Q*14、*Q*15、*Q*18、*Q*19，将其作为变量分别进行效度分析，结果见表 8.7。*Q*18 由于题项只包含两项，则 KMO 值等于 0.5，效度结构较差，但是由于其 Sig 值小于 0.05，具有相关性，则因子有效；其余变量 KMO 值均大于 0.7，说明效度构建较好，具有一定说服性。

表 8.6　KMO 值释义表

检测类别	值的范围	因子分析适合情况
KMO 值	大于 0.9	非常适合
	0.8～0.9	很适合
	0.7～0.8	适合
	0.6～0.7	勉强适合
	0.5～0.6	不太适合
	小于 0.5	不适合
Bartlett's P 值	小于或等于 0.01	适合

表 8.7　效度分析表

变量	*Q*13	*Q*14	*Q*15	*Q*18	*Q*19
KMO 值	0.806	0.840	0.906	0.500	0.841
显著性	0.000	0.000	0.000	0.000	0.000

（三）信度分析

本书通过 Cronbach's α 系数检验问卷内部的一致性程度。该系数值若大于 0.8 则表示内部一致性极好，若低于 0.6 则需重新修订问卷量表。本书将研究变量归纳为创业意向、创业动机、自我效能感、个人资源水平、高校创业教育、社会政策环境和家人态度进行综合分析，结果如表 8.8 所示。

表 8.8　信度分析表

因素名称	包含题项数量	Cronbach's α 系数
创业意向	5	0.861
创业动机	4	0.906
自我效能感	6	0.925
个人资源水平	2	0.837
高校创业教育	4	0.812
社会政策环境	4	0.765
家人态度	1	—

表 8.8 显示，创业意向、创业动机、自我效能感、个人资源水平、高校创业教育、社会政策环境的 Cronbach's α 系数均大于 0.75，说明该量表可以接受。此外，本书将政府政策单独提出，调查政府的政策以及哪种政策可能对大学生创业产生影响，但由于政府政策和家人态度这两个维度只含有一个题项，因此不再进行可靠性分析。

（四）问卷发放与收集

本次调查对象为河南工业大学在校大学生，通过社交平台将问卷以链接等形式发放，被调查者通过线上方式填写，问卷调查时间为 2019 年 4 月 14 日至 4 月 28 日。调查共回收问卷 201 份，其中有效问卷 185 份，有效率为 92.04%。

二、统计结果与分析

（一）描述性统计分析

在本次调查的有效样本中，男性人数 82 人，占总人数的 44.32%，女性人数 103 人，占总人数的 55.68%；样本的年级分布情况为大学一年级占比为 15.68%、大学二年级占比为 20.54%、大学三年级占比为 32.43%、大学四年级占比为 28.65%、研究生及以上占比为 2.7%。具体内容如表 8.9 所示。

表 8.9　样本信息统计

题目	类别	样本数量（份）	百分比（%）	累计百分比（%）
性别	男	82	44.32	44.32
	女	103	55.68	100.00
年级	大学一年级	29	15.68	15.68
	大学二年级	38	20.54	36.22
	大学三年级	60	32.43	68.65
	大学四年级	53	28.65	97.30
	研究生及以上	5	2.70	100.00

通过调查发现，55.91%的学生考虑过创业，并表示若有机会会进行相关尝试；表示完全没有考虑或考虑过，但是不会进行创业的学生分别占总数的32.69%和19.23%，仅有2.5%的学生表示正在创业。调查对象的性格分布特点为28.11%偏内向、21.62%偏外向、50.27%偏中性。通过对学生的性格和创业意愿进行交叉统计分析可以看出，性格外向的学生更具有创业意向。具体统计结果如图8.2所示。

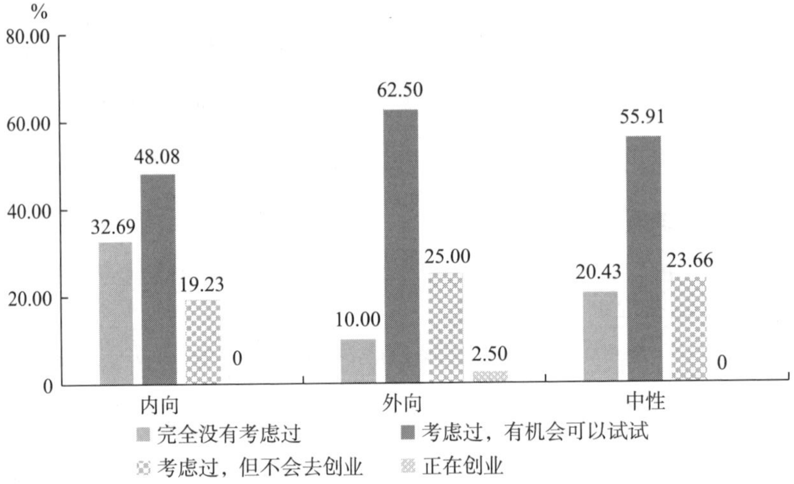

图8.2 创业意愿与性格交叉分析统计

本书对剩余各项因素指标进行描述统计分析的结果如表8.10所示。

表8.10 样本指标描述性统计

统计变量	题项	频次（人）	百分比（%）
创业动机	解决就业问题，收入更高	121	65.41
	实现理想	90	48.65
	喜欢自由，不受约束	122	65.95
	挑战自己	88	47.57
	受家庭或朋友影响	22	11.89
	无动机	7	3.78
	其他	13	7.03

续表

统计变量	题项	频次（人）	百分比（%）
创业领域选择	与自身专业相匹配的领域	93	50.27
	当前热门方向发展	57	30.81
	自己感兴趣的领域	134	72.43
	启动资金少，且风险相对较低的行业	95	51.35
	赚钱较多的行业	51	27.57
	其他	9	4.86
创业困难	缺少好项目	80	43.24
	难以寻找好的合作伙伴	101	54.59
	缺少资金	151	81.62
	家庭不支持	23	12.43
	人脉资源不足	147	79.46
	缺乏管理经验	139	75.14
	不了解相关创业政策	90	48.65
	其他	5	2.70
风险承担	放弃	24	12.97
	筹集资金，二次创业	16	8.65
	等待时机，积累经验	145	78.38
政府政策	提供资金支持	53	28.65
	提供专业技能培训	40	21.62
	优惠帮扶政策	56	30.27
	及时提供有效的创业信息	52	28.11
家庭经济情况	贫困	45	24.32
	一般	125	67.57
	小康	14	7.57
	富裕	1	0.54
家人态度	支持	10	5.41
	反对	23	12.43
	由自己决定	152	82.16

本书采用 SPSS 软件针对问卷第二部分的调查数据，对均值、标准值、极大值、极小值、偏度和峰度等指标进行描述性统计分析。只有当偏度满足绝

对值小于3，且峰度满足绝对值小于10时，才能进行后续分析，根据表8.11的统计结果可以看出，所有变量均满足偏度和峰度要求。

表8.11　描述性统计分析

变量	题项	N	极小值	极大值	均值	标准差	偏度	峰度
Q13、Q16创业意向	行1	185	1	5	3.05	0.971	-0.073	-0.209
	行2				3.06	0.894	-0.174	0.057
	行3				2.79	1.001	0.160	-0.355
	行4				2.62	1.026	0.216	-0.543
	行1	185	1	5	3.15	0.970	-0.297	-0.208
Q14创业动机	行1	185	1	5	3.41	0.917	-0.209	-0.161
	行2				3.45	0.914	-0.337	0.090
	行3				3.54	0.921	-0.210	-0.226
	行4				3.57	0.937	-0.319	-0.262
Q15自我效能感	行1	185	1	5	3.35	0.808	-0.413	0.096
	行2				3.07	0.903	-0.229	-0.120
	行3				3.15	0.831	-0.280	-0.085
	行4				2.98	0.875	-0.116	0.011
	行5				3.08	0.869	-0.148	-0.011
	行6				2.95	0.895	-0.123	-0.235
Q17家人态度	行1	185	1	5	2.86	1.043	-0.150	-0.517
Q18个人资源水平	行1	185	1	5	2.92	0.981	-0.162	-0.381
	行2				2.52	1.032	0.189	-0.687
Q19高校创业教育	行1	185	1	5	3.46	0.872	-0.247	0.018
	行6				3.15	1.047	-0.336	-0.282
	行7				2.99	1.068	-0.168	-0.651
	行8				2.71	1.042	-0.190	-0.459
Q20社会政府环境	行2	185	1	5	3.41	0.893	-0.399	0.137
	行4				3.44	0.896	-0.401	0.192
	行5				3.64	0.911	-0.656	0.527
	行3	185	1	5	3.57	0.895	-0.429	-0.020

（二）T 检验分析

1. 样本创业意向描述统计

本问卷针对大学生创业意向设置 4 个量表测试题，通过描述性统计分析可以直观地了解其分布特点，如图 8.3 所示，创业意向均值为 2.88，众数为 3.00，中位数为 3.00，极大值为 5.00，极小值为 1.00，整体呈正态分布。

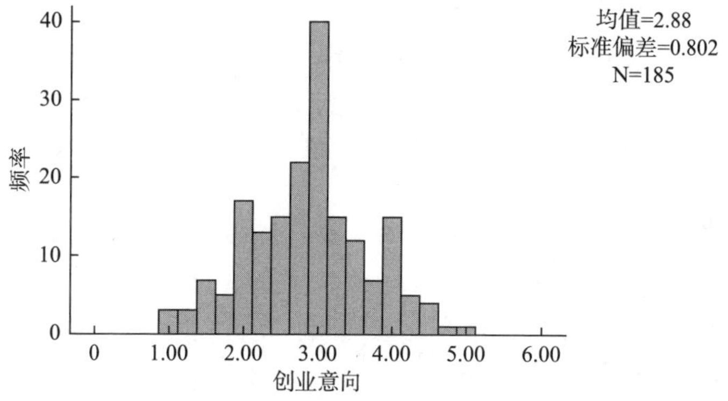

图 8.3　大学生创业意向分布情况

2. 个体特征因素与创业意向关系分析

样本的性别因素分析如表 8.12 所示，由于样本中个人特征具有差异性，因此本书采用独立样本 T 检验来判断性别是否对创业意向的均值造成显著影响。

表 8.12　性别因素结果分析

单位：人

性别	人数	创业意向均值
男	82	3.00
女	103	2.78

首先对方差齐性进行检验，其显著性值为 0.865，大于 0.05，不拒绝原假设，得到两个样本方差齐性；其次选择假设方差第一行的概率 P 值进行进一

步分析，p 值等于0.068，大于0.05，不显著，进而得到性别因素影响下男性大学生和女性大学生的创业意向无显著差异，因此假设Ha1不成立。T检验结果如表8.13所示。

表8.13　T检验结果

		方差方程 Levene 检验		均值方程的 T 检验					差分的 95% 置信区间	
		F	Sig	t	df	Sig	均值差值	标准误差值	下限	上限
创业意向	假设方差相等	0.029	0.865	1.837	183.00	0.068	0.216	0.11795	-0.0161	0.44936
	假设方差不相等	—	—	1.829	171.08	0.069	0.216	0.11842	-0.0171	0.45039

（三）相关分析

为了明确变量之间的相关性，本书以创业动机、自我效能感、个人资源水平、高校创业教育、社会政策环境、家人态度为自变量，创业意向为因变量，采用SPSS软件进行相关性分析，具体结果如表8.14所示。

表8.14　相关性分析表

研究数据		创业意向	创业动机	自我效能感	个人资源水平	高校创业教育	社会政策环境	家人态度
创业意向	Pearson	1						
	显著性							
创业动机	Pearson	0.480**	1					
	显著性	0.000						
自我效能感	Pearson	0.788**	0.582**	1				
	显著性	0.000	0.000					
个人资源水平	Pearson	0.622**	0.364**	0.694**	1			
	显著性	0.000	0.000	0.000				
高校创业教育	Pearson	0.583**	0.415**	0.623**	0.565**	1		
	显著性	0.000	0.000	0.000	0.000			

续表

研究数据		创业意向	创业动机	自我效能感	个人资源水平	高校创业教育	社会政策环境	家人态度
社会政策环境	Pearson	0.370**	0.501**	0.425**	0.354**	0.580**	1	
	显著性	0.000	0.000	0.000	0.000	0.000		
家人态度	Pearson	0.601**	0.329**	0.585**	0.674**	0.551**	0.355**	1
	显著性	0.000	0.000	0.000	0.000	0.000	0.000	

注：** 表示在 0.01 水平上显著。

通过表 8.14 可知，相关变量双侧检验的显著性概率为 0.000 < 0.01，拒绝零假设不显著，说明所有变量间均显著相关。因此，可以进行回归分析测量因变量与自变量之间的关系。

（四）回归分析

本书将问卷中的创业意向设为因变量，其他变量设为自变量，分组对其进行回归分析。为更好地检验并总结数据间的相关关系，同时检测变量创业动机、自我效能感、个人资源水平、高校创业教育、社会政策环境、家人态度的融合度，本书采用 SPSS 软件进行多元线性回归分析，创建回归方程式，并对每个自变量对因变量的改变进行分析总结。模型汇总如表 8.15 所示。

表 8.15　模型汇总

模型	R	R^2	调整后 R^2	估计标准误差	杜宾—瓦特森统计量
1	0.826[a]	0.683	0.668	0.44981	2.010

注：①预测变量（常量），包括个人资源水平、创业动机、高校创业教育、自我效能感、社会政策环境、性格、风险承担；

②因变量为创业意向。

由表 8.15 可知，决定系数 R^2 为 0.683，表明对大学生创业的影响可以释义的程度为 68.3%；调整后的 R^2 约为 0.668，差值不大，表明大学生创业意愿水平的 68.3% 能够被释义。

表 8.16　回归分析表

模型	平方和	df	均方	F	Sig
回归	76.571	8	9.571	47.306	0
残差	35.610	176	0.202		
总计	112.181	184			

从表8.16可以看出，模型的Sig值为0，概率低于一般水平，进而证明该回归方程明显，说明创业认知、自我效能感、个人资源水平、高校创业教育、社会政策环境、家人态度具有显著的线性关系，其改变可以引起因变量创业意向的改变，其变化能够通过创业意向的变化进行反映。

表 8.17　多元回归分析系数表

模型	非标准化系数		标准化系数	*t*	Sig
	B	标准误差	Beta 分布		
常量	-0.009	0.218	—	-0.042	0.966
自我效能感	0.563	0.078	0.532	7.242	0.000
个人资源水平	0.028	0.056	0.033	0.492	0.624
高校创业教育	0.122	0.061	0.126	1.979	0.049
家人态度	0.123	0.046	0.165	2.695	0.008
社会政策环境	-0.058	0.059	-0.055	-0.979	0.329
创业动机	0.083	0.056	0.087	1.493	0.137
性格	0.153	0.041	0.168	3.744	0.000
风险承担	-0.011	0.050	-0.010	-0.226	0.822

注：因变量为创业意向。

由表8.17可知，自我效能感、高校创业教育、家人态度和性格因素的Sig值小于0.05，说明这四个因素显著，其他因素的Sig值均大于0.05，说明其不显著，表明创业意向并没有被这几个变量显著影响。修正后模型中的自变量与因变量之间具有显著的线性关系，如表8.18所示。

表 8.18　修改后回归分析系数表

模型	标准系数	t	Sig
自我效能感	0.590	10.020	0.000
高校创业教育	0.109	1.914	0.038
家人态度	0.172	3.134	0.002
性格	0.154	3.560	0.000

修正后得到回归方程模型为：

$$Y = 0.590X1 + 0.109X2 + 0.172X3 + 0.154X4$$

其中 Y 为创业意向变量、$X1$ 为自我效能感变量、$X2$ 为高校创业教育变量、$X3$ 为家人态度变量、$X4$ 为性格因素变量。

（五）结果分析

1. 个人特性因素与大学生创业意愿检验结果

性格因素影响下的标准化回归系数为 0.154，显著性概率值为 0，小于 0.05，回归系数大于 0，且达到显著性水平，说明大学生创业意愿受性格因素影响的效果显著，且呈显著正相关，假设 H2 成立。由于性别因素的 T 检验不显著，因此假设 H1 不成立。

通过本部分的研究可以发现，性格偏外向的大学生更愿意尝试创业；性别因素没有对大学生的创业意愿造成影响。此外，有过创业经历的大学生只占样本总量的 1%，由于比例较低，所以无法评判创业经历是否与大学生的创业意向具有相关性。

2. 心理行为因素与大学生创业意愿检验结果

本部分的心理行为特征主要研究创业动机、自我效能及风险承担倾向对创业意愿的影响。结果表明，自我效能与大学生创业意愿之间的标准回归系数为 0.590，显著性概率值为 0，小于 0.05，呈显著正相关，说明创业意愿受自我效能影响显著，假设 H4 成立。风险承担倾向和创业动机与创业意愿呈显著不相关。

3. 家庭因素与大学生创业意愿检验结果

从表 8.18 可以看出，家庭因素影响下的标准化回归系数为 0.172，显著性概率值为0.002，小于0.05，因此该因素与创业意愿呈显著相关；又由于回归系数大于零，则该因素对创业意向呈显著正相关，因此假设H3成立。

家人的态度对样本中大学生的创业意向具有显著影响。从河南工业大学在校大学生的调查中可以发现，82.16%的学生表示创业与否由其个人决定，家人不会参与相关决策，但在很大程度上家人对大学生的创业持积极态度。

4. 个人资源水平和环境因素与大学生创业意愿检验结果

在大学生个人资源水平的影响下，由于变量的Sig值大于0.05，所以H5假设不成立；社会政策环境显著概率大于0.05，假设H7不成立；在高校创业教育影响下，显著概率小于0.05，且标准回归系数大于0，表示高校创业教育背景对河南工业大学在校大学生创业意愿具有显著正相关关系，因此假设H6成立。

（六）相关建议

1. 学生自我效能感和技能培养

从本部分研究可以发现，大学生的创业意愿水平可提升的空间很大，那些具有中等创业意愿水平的学生更值得被关注，高校应该加强对其创业兴趣的培养。在个体异质性因素和心理行为特征两方面，学生个体表现较稳定，通过这两类因素影响大学生创业意愿比较困难。因此，应该从学生自我效能感和社会政策两个方面开展行之有效的提升大学生创业意愿的举措。同时，应加大对学生创业管理技能和社交能力学习的教育力度，增加开设创业相关课程，激发学生创业的动机。

2. 加大创业政策扶持力度

应进一步完善大学生创业政策体系，从各级政府到各个部门，切实做到对大学生创业的全方位服务和帮扶。本次调查发现，大学生创业初期主要面临的问题是启动资金短缺、社会经验不足。目前，政府已出台相关政策，推动小额担保贷款对微利、小利创业项目的帮扶，更有针对高校创业人士减免有关行政性收费和事业性收费的相关优待政策。对于正常毕业的高校学生，在不超过两年的时限里，其从事非国家明令禁止的经营项目时，从其在工商部门第一次登记开始计算，在不超过三年的时间里，取消其管理、登记及证书牌照类相关行政事业性费用。各级政府和高校需要针对大学生群体加强政策宣传、提升广大高校毕业生的创业信心。

3. 加大对自主创业的宣传力度

大学生的生活环境对大学生创业的主观意识具有很大的潜在影响。现阶段，高校学生的校园生活缺少对学生创业及冒险精神的熏陶和培养，因此应逐步增强社会环境对高校学生创业的认知度，更好地提升高校学生自主创业的积极性。

第九章　在校大学生互联网创新创业活动影响因素

第一节　大学生互联网创新创业研究现状

一、互联网环境对创业行为影响的相关研究

史晋川和王维维（2017）研究发现，人们普遍使用互联网的行为促进创业行为的产生，人们利用互联网进行信息搜寻与筛选，获取有用信息，可以使个人的创业成功率得到提高。同时，互联网的介入对创业机会的发现更加有利，互联网对创业行为具有显著的促进作用，因此互联网的普及率提高，创业行为也就相应增加。并且，如果创业者所处的制度环境越完善，互联网在创业过程中起到的作用也就越大。这表明，想要发挥互联网对创业的促进作用，需要重点完善创业相关的制度。

Cumming 和 Johan（2010）在 1999—2003 年通过对加拿大阿尔伯塔地区宽带互联网对创业活动的影响进行实证研究后发现，互联网社区相比于非互联网社区具有更多的创业活动。Lehr 等（2006）在分析美国社区 1998—2002 年的相关数据后发现，配备宽带的社区相较于没有宽带的社区，新公司的数量更多；其通过对德国县级层面 2000—2005 年相关数据进行分析后发现，宽带建设在促进创业活动中发挥重要作用。Artz 等（2016）通过对农村宽带互联网与创业企业增长的关系进行研究后发现，互联网服务越容易获得，农村新企业的增长越快。王维维（2017）指出，人们借助互联网环境带来的“技

术效应”和“信息效应”，可以获得更多创业选择的机会。

二、大学生创业行为影响因素研究

高静等（2014）研究发现，影响大学生创业参与倾向的重要因素主要包括创业者获取资源的能力、承担风险的能力、创新的能力和个人积极的心理态度。在关于大学生创业倾向受环境影响的研究中，高静等（2013）指出，大学生创业行为受家庭环境和学校环境影响，由于大学生接触社会较少，社会环境对大学生创业倾向的影响较小。

陈权和尹俣潇（2015）在对创业意愿进行研究后发现，大学生群体间的创业意愿存在差异，男性大学生的创业意愿与女性大学生存在显著差异，男性的创业意愿要高于女性。年级与所学专业对大学生创业意愿的影响差异不显著，在条件成熟的情况下，不同年级、不同专业的学生均可以进行创业。

1999 年，Timmons 在已有的创业模型基础上提出一种新的创业管理模型，如图 9.1 所示。Timmons 指出，创业活动想要取得成功，必须进行机会、团队和资源的整合，且三者需要被有效利用。在创业过程中，创业者将面临众多不确定性风险，创业者需要依靠自身的生活经验、社会网络、知识储备以及实践技能解决创业过程中出现的问题。

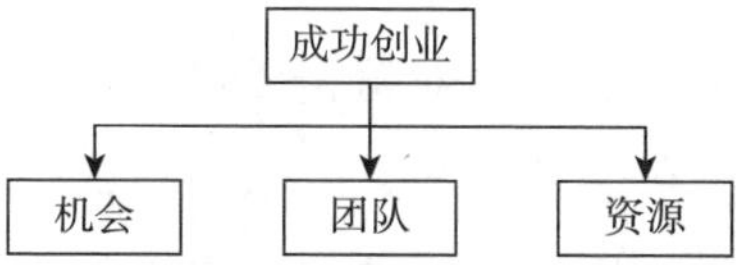

图 9.1 创业管理模型

三、网络营销相关研究

Janal（1998）将网络营销定义为，针对使用网络与在线服务的特殊用户群体进行出售产品与提供服务的系统，其在制定与实施的过程中，不能偏离公司的整体营销规划，并借助线上系统发布产品信息，使用户利用互联网工具与服务获取所需信息，进而购买产品。网络营销是市场营销的组成部分，是以互联网为载体，企业通过运用互联网技术，为充分了解市场需求、进行品牌形象宣传、建立并维护客户关系、产品推广、服务客户而开展的营销活动。随着互联网的广泛应用，网络营销成为企业进行营销活动必不可少的手段，其商业价值及潜力日益凸显。总体来说，网络营销就是企业依托互联网或以移动互联网为主要平台进行的营销活动。企业可以借助多种手段进行互联网营销，以获取更多的潜在客户，具体内容如图 9.2 所示。

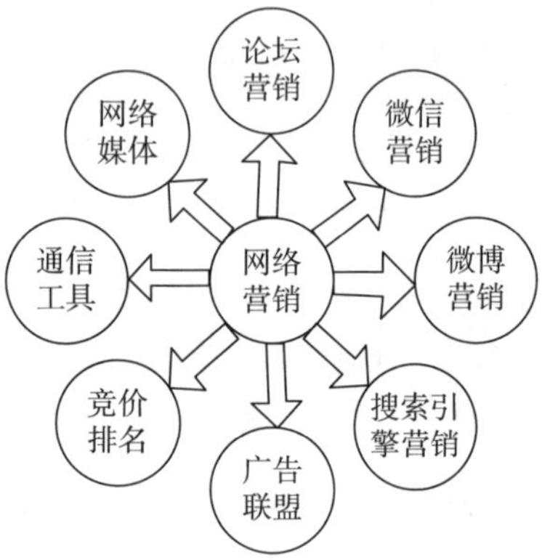

图 9.2　网络营销手段

宋亚非（2006）指出，网络营销作为企业营销战略的一部分，相比于传统营销方式，具有一定的优势，其对营销成本的控制更透明，市场覆盖范围更广，且能够为客户提供更多的服务。由于网络营销为企业与市场之间搭建了沟通的桥梁，使企业能够快速了解虚拟市场中消费者的需求以及消费者行为方式的变化，为进行更深层次的营销活动提供可靠的数据支撑和营销基础。互联网具备传统传播渠道所不具备的优势，在互联网中，信息交流是自由的、开放的、平等的。同时，互联网上的信息交换成本较低，信息交流渠道更广，信息获取更高效。

网络营销发展至今，具备五个理论基础，即关系营销理论、直复营销理论、软营销理论、整合营销理论和全球营销理论。

四、网络零售相关研究

网络零售是指交易双方以互联网为媒介进行的商品交易活动，即通过互联网进行的信息组织和传递，实现有形商品和无形商品所有权的转移或服务的消费。买卖双方通过线上应用实现信息流、资金流、物流转移等行为。网络零售也称“网络购物”，包括 B2C 和 C2C 两种主要形式。

从使用平台来看，网络零售主要分为三类：一是第三方自营式，代表企业是京东、唯品会等；二是第三方平台式，代表企业是天猫、淘宝等；三是厂商自建平台，代表企业是小米商城、乐视商城等。从电商市场主体角度来看，网络零售分类包括平台电商、垂直电商、O2O 电商和 C2M 电商等。

网络零售的主要特色是通过互联网进行商品交易，消费者可以借助互联网自主选择所需商品，而非被动地接受广告。购物网站借助互联网发布广告、开展促销活动，完成商品交易行为。网络商店交易架构如图 9.3 所示。

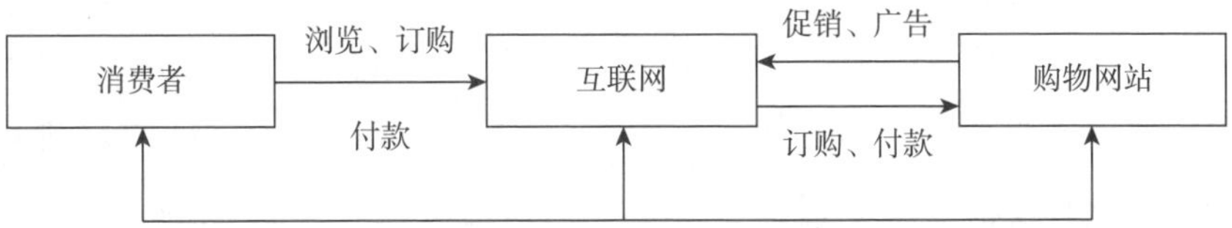

图 9.3　网络商店交易架构

潘煜等（2010）指出，品牌无论对传统行业还是对网络零售行业均至关重要。企业进行网络零售需要建立品牌、制定创新战略。目前，我国从事网络零售的人数激增，各大网络零售商通过降低价格进行引流以吸引购买，因此企业之间往往打价格战，这在一定程度上损害了企业的利益。品牌建设、品牌传播、品牌溢价等因素才是企业进行网络零售时应当关注的重点。相比于传统线下渠道，互联网信息的传播速度更快、传播范围更广、受关注度更加集中，网络零售商的口碑积累更加集中、交易行为更加集中。而用户也从被动地接受信息，转变为主动搜寻所需信息。

第二节 大学生互联网创新创业影响因素模型构建与假设

一、模型构建

通过相关文献可知，目前的大学生互联网创新创业影响因素研究多采用问卷调查的形式，在问卷设计、信息收集和统计分析的基础上建立模型，并对模型进行调整以吻合变量，进而验证模型并得出结论。

本书以河南工业大学在校大学生为研究对象，以互联网创业为支点，挖掘影响大学生互联网创业的关键影响因素，通过具体分析与实证研究探讨网络营销知识、网络零售知识、创业教育、创业政策与大学生互联网创业的相关关系，进而得出大学生互联网创业的关键影响因素。本书选择大学生对互联网在创业中重要程度的认知作为被解释变量（Y），影响这一认知的因素作为解释变量（X），其中解释变量（X）包括网络营销知识、网络零售知识、创业教育、创业政策。在此基础上，通过建立相关模型进行参数估计以及假设检验，说明自变量是如何对因变量产生影响的。具体模型表示如下：

$$Y = \beta_0 + \beta_1 X1 + \beta_2 X2 + \beta_3 X3 + \beta_4 X4 + \varepsilon$$

其中 Y 是被解释变量，即大学生对互联网在创业中重要程度的认知；$X1$ 代表网络营销知识，$X2$ 代表网络零售知识，$X3$ 代表创业教育，$X4$ 代表创业政策；β_1、β_2、β_3、β_4 为被解释变量的系数，ε 为随机误差项。

二、研究假设

本书以技术接受模型为切入点，联系大学生互联网创业的影响条件，建立大学生互联网创业模型，进而提出本书因变量成立的假设。

马蔚姝等（2017）研究指出，大学生互联网创业受自身因素，即创业者主体的影响。大学生积极参与学校举办的互联网创业活动，可以提升其创业意愿；参加社会实习，可以为创业积累丰富的经验，有助于提升大学生创业意愿。创业者作为创业活动的主体，其个人因素对互联网创业具有显著的影响。因此，本书提出以下假设。

H1：性别对大学生互联网创业具有影响。

H2：年级对大学生互联网创业具有影响。

H3：生活环境对大学生互联网创业具有影响。

H4：创业经历对大学生互联网创业具有影响。

H5：工作经历对大学生互联网创业具有影响。

H6：互联网创业比赛经历对大学生互联网创业具有影响。

冯磊等（2011）在进行创业技能教育与大学生创业意愿的影响研究时发现，大学生创业技能各要素会影响其创业意愿，即大学生掌握的创业技能越多，其创业意愿越强烈。网络营销作为大学生互联网创业的重要技能之一，对大学生是否采用互联网进行创业具有很大影响。网络零售是目前大学生开展互联网创业活动中的重要工具之一，如淘宝、微店等 C2C 电商平台。因此，本书提出以下假设。

H7：网络营销知识对大学生互联网创业具有积极影响。

H8：网络零售知识对大学生互联网创业具有积极影响。

Sanchez（2011）通过将样本数据对比分析后的结果显示，学生进行创业培训后，其能力与创业意向均有显著提升。石巧君和任梦莉（2015）基于湖南省高校的样本数据研究后发现，完善的创业教育体系对大学生创业意愿具有积极影响。因此，本书提出以下假设。

H9：创业教育对大学生互联网创业具有积极影响。

肖潇和汪涛（2015）研究发现，完善的创业政策体系对大学生创业态度和创业意愿具有显著促进作用。杨洁（2016）研究发现，政府政策指导为创业活动提供适合的制度环境，对大学生的创业意识的提高具有鼓励作用，这促进了大学生创业活动的顺利开展。因此，本书提出以下假设。

H10：创业政策对大学生互联网创业具有积极影响。

第三节　在校大学生互联网创新创业活动影响因素分析

一、问卷设计

根据前文相关假设，本书对回归变量设置的问题如表9.1所示。

表9.1　问卷设计

变量	问题
网络营销知识	您了解微博营销推广方式吗 您了解微信营销推广方式吗 您了解社区营销推广方式吗 您了解百度推广吗 您了解网络广告、短视频、直播等视频营销方式吗
网络零售知识	您了解网站设计（网店装修）相关知识吗 您了解网络零售中的商品定价策略吗 您了解网络零售中的商品促销方式吗 您了解网络零售中的相关售后问题吗 您对淘品牌（如三只松鼠、韩都衣舍）有了解吗
创业教育	您认为学校的创业教育对您的创业是否有帮助
创业政策	您是否了解政府对“互联网+”大学生创业的扶持政策

二、数据采集方法与回收

本部分研究的是大学生互联网创业影响因素，调查人群为河南工业大学在校大学生。调查方式为在线问卷调查，主要通过朋友圈、QQ群、微信群等途径发放问卷。同时部分问卷采用线下发放，以保证数据来源更丰富，进而提高数据的可靠性。本调查采用问卷星对在线问卷数据进行收集，通过线下走访的方式对图书馆、创业园等区域进行线下问卷收集，得到本部分研究所需的全部样本数据。

三、实证分析

（一）样本概述

本次调查研究共计发放问卷 147 份，收回问卷 147 份，问卷回收率为 100.00%，其中有效问卷 145 份，问卷的有效率为 98.64%。

从性别分布来看，男性 67 人，占比为 46.21%；女性 78 人，占比为 53.79%。从年级分布来看，大学一年级学生 13 人，占比为 8.97%；大学二年级学生 21 人，占比为 14.48%；大学三年级学生 22 人，占比为 15.17%；大学四年级学生 89 人，占比为 61.38%。从专业分类划分来看，理工类学生 61 人，占比为 42.07%；经管类学生 59 人，占比为 40.69%；文史哲类学生 12 人，占比为 8.28%；政法类学生 7 人，占比为 4.83%；艺术类学生 6 人，占比为 4.14%。从入学前生活环境来看，生活环境为城镇的共 73 人，占比为 50.34%；农村环境的共 72 人，占比为 49.66%。从每月用于相关互联网支出占生活费的比例来看，10%以下的 15 人，占比为 10.34%；10%～20%的 37 人，占比为 25.52%；20%～30%的 44 人，占比为 30.34%；30%～40%的 25 人，占比为 17.24%；50%以上的 24 人，占比为 16.55%。

（二）信度与效度检验

通过对调查问卷进行信度检验，得到信度系数 α 值为 0.924，大于 0.9，因此说明研究数据信度质量很高。针对"项已删除的 α 系数"值为 0.924，分析项被删除后的信度系数值并没有提升，因此题项全部保留，这也进一步说明本研究的数据信度水平较高。

通过对调查问卷进行效度检验，本书得到效度检验结果如表 9.2 所示。

表 9.2　效度检验

指标	网络营销知识	网络零售知识	创业教育	扶持政策
KMO 值	0.831	0.891	0.602	0.661

从表9.2可知：网络营销知识、网络零售知识的KMO值均大于0.8，说明网络营销知识、网络零售知识的效度较高；创业教育、扶持政策的KMO值大于0.6，说明数据效度可接受。

（三）假设检验

本部分对性别、年级、生活环境、创业经历、工作经历和参加互联网创业比赛经历作假设检验。具体地，将性别按男女分为两组；由于大学一年级、大学二年级、大学三年级样本数较少，大学四年级样本数超过半数，于是将大学一年级、大学二年级、大学三年级划分为一组，大学四年级单独作为一组；生活环境按“城镇”和“农村”分为两组；创业经历按“有”和“无”分为两组；工作经历按“有”和“无”分为两组；参加互联网创业比赛经历按“有”和“无”分为两组。假设检验相关结果如表9.3所示。

表9.3 假设检验相关结果

类别	性别	年级	生活环境	创业经历	工作经历	参加互联网创业比赛经历
自由度	143	143	143	143	143	143
t值	3.059	-0.4036	-0.03782	3.9783	0.2162	2.8014
P（T<=t）双尾	0.0027	0.6871	0.9699	0.0001	0.8291	0.0058
t双尾临界	1.9767	1.9767	1.9767	1.9767	1.9767	1.9767

由表9.3可以看出，在置信度为95%的置信区间下，性别的p值小于0.01，说明不同性别对互联网创业的看法存在显著性差异；年级的p值大于0.05，说明不同年级的大学生对互联网创业的看法差异性不显著；生活环境的p值大于0.05，说明入学前生活环境不同的大学生对互联网创业的看法差异性不显著，而p值接近1，说明生活在城镇的学生与生活在农村的学生对互联网创业的看法基本上没有区别；创业经历的p值小于0.01，说明大学生是否具有创业经历对互联网创业的看法存在显著性差异；工作经历的p值大于0.05，说明大学生是否具有工作经历对互联网创业的看法差异性不显著；参加互联网创业比赛经历的p值小于0.01，说明大学生是否参与过互联网创业

比赛对互联网创业的看法存在显著性差异。综上可知，H1、H4、H6假设成立；年级、生活环境、工作经历等因素导致的大学生对互联网创业的看法差异不显著，因此拒绝H2、H3、H5假设。

（四）回归分析

1. 网络营销知识的一元回归分析

在对网络营销知识进行一元回归分析之前，本书首先对互联网创业与网络营销知识的相关系数进行分析，具体结果见表9.4和表9.5。

表9.4　相关系数结果

变量	互联网创业	网络营销知识
互联网创业	1	
网络营销知识	0.8433	1

表9.5　相关分析表

样本数	t检验统计量	显著水平	df（自由度）	P（T≤t）双尾	t双尾临界
145	12.6236	0.05	144	4.58E-25	1.9766

由表9.4和表9.5可知，相关系数为0.8433>0，即网络营销知识与互联网创业具有显著的正相关关系。

表9.6　一元回归结果

变量	α	相关系数	t值	p值	R^2
网络营销知识	0.05	0.6144	18.7605	2.19E-40	0.7111

由表9.6的一元回归结果可以看出，p值小于0.01，说明网络营销知识与大学生互联网创业之间存在明显的线性相关关系，即每增加1个单位的网络营销知识，大学生进行互联网创业就相应增加0.6144个单位，因此假设H7成立。

2. 网络零售知识的一元回归分析

在对网络零售知识进行一元回归分析之前，本书首先对互联网创业与网络零售知识的相关系数进行分析，具体结果见表9.7和表9.8。

表9.7 相关系数结果

变量	互联网创业	网络零售知识
互联网创业	1	
网络零售知识	0.8693	1

表9.8 相关分析表

样本数	t检验统计量	显著水平	df（自由度）	P（T≤t）双尾	t双尾临界
145	13.9896	0.05	144	1.26E-28	1.9766

由表9.7和表9.8可知，相关系数为0.8693>0，即网络零售知识与互联网创业具有显著的正相关关系。

表9.9 一元回归结果

变量	α	相关系数	t值	p值	R^2
网络零售知识	0.05	0.6072	21.03586	1.29E-45	0.7558

由表9.9的一元回归结果可以看出，p值小于0.01，说明网络零售知识和互联网创业存在明显的线性相关关系，即每增加1个单位的网络零售知识，大学生进行互联网创业就相应增加0.6072个单位，因此假设H8成立。

3. 创业教育的一元回归分析

在对创业教育进行一元回归之前，本书首先对互联网创业与创业教育的相关系数进行分析，具体结果见表9.10和表9.11。

表9.10 相关系数结果

变量	互联网创业	创业教育
互联网创业	1	
创业教育	0.4694	1

表 9.11 相关分析表

样本数	t 检验统计量	显著水平	df（自由度）	P（T< =t）双尾	t 双尾临界
145	−0.19119	0.05	144	0.848649	1.9766

由表 9.10 和表 9.11 可知，相关系数为 0.4694 >0，即创业教育与互联网创业存在正相关关系。但 p 值大于 0.05，说明两者之间的关系存在较大偶然性。

表 9.12 一元回归结果

变量	α	相关系数	t 值	p 值	R^2
创业教育	0.05	0.3097	6.3573	2.59E−09	0.2204

由表 9.12 可以看出，p 值小于 0.01，说明创业教育和互联网创业存在明显的线性相关关系，即每增加 1 个单位的创业教育，大学生进行互联网创业就相应增加 0.3097 个单位，因此假设 H9 成立。

4. 创业政策的一元回归分析

在对创业政策进行一元回归分析之前，本书首先对互联网创业与创业政策的相关系数进行分析，具体结果见表 9.13 和表 9.14。

表 9.13 相关系数结果

变量	互联网创业	创业政策
互联网创业	1	
创业政策	0.4350	1

表 9.14 相关分析表

样本数	t 检验统计量	显著水平	df（自由度）	P（T≤t）双尾	t 双尾临界
145	8.2048	0.05	144	1.18E−13	1.976575

由表 9.13 和表 9.14 可知，相关系数为 0.4350 >0，即创业政策与互联网创业存在正相关关系。

表 9.15　一元回归结果

变量	α	相关系数	t 值	p 值	R^2
创业政策	0.05	0.2677	5.7773	4.56E－08	0.1892

由表 9.15 可以看出，p 值小于 0.01，说明创业政策和互联网创业存在明显的线性相关关系，即每增加 1 个单位的创业政策，大学生进行互联网创业就相应增加 0.2677 个单位，因此假设 H10 成立。

5. 多元回归分析

通过对互联网创业与网络营销知识、网络零售知识、创业教育、创业政策进行一元回归分析的结果显示，以上四个变量均通过检验，互联网创业与网络营销知识、网络零售知识、创业教育、创业政策之间存在明显的线性相关关系，因此对上述变量做多元回归分析，以此确定互联网创业与各变量之间的关系及相关系数，多元回归结果如表 9.16 所示。

表 9.16　多元回归结果

变量	α	相关系数	t 值	p 值	R^2
网络营销知识	0.05	0.328775	8.677079	9.28E－15	0.84
网络零售知识	0.05	0.378373	10.20288	1.28E－18	
创业教育	0.05	0.021639	0.84488	0.399619	
创业政策	0.05	－0.03341	－1.37877	0.170164	

因此，多元回归模型的预测结论为：

$$Y = 0.3288 \times X1 + 0.3784 \times X2 + 0.0216 \times X3 - 0.0334 \times X4 + 8.0632$$

（五）结论与建议

1. 研究结论

随着互联网的发展，大学生互联网创业现象日益普遍，本书以河南工业大学在校大学生为调查对象，研究大学生互联网创业的关键影响因素，通过 SPSS、Excel 以及问卷星的 SPSS AU 在线功能，进行假设检验以及回归分析，得出以下结论。

首先，网络营销知识学习是大学生互联网创业重要的理论来源。通过上文对网络营销知识的一元回归分析结果可知，网络营销知识与大学生互联网创业之间存在显著的正相关关系，即每增加 1 个单位的网络营销知识，大学生的互联网创业就会增加 0.6144 个单位。网络营销知识对大学生互联网创业具有显著的促进作用，即大学生网络营销知识掌握得越多，其进行互联网创业的倾向越大。

其次，学习网络零售知识有助于大学生互联网创业。通过上文对网络零售知识一元回归分析的结果可知，网络零售知识与大学生互联网创业之间存在显著的正相关关系，即每增加 1 个单位的网络零售知识，大学生的互联网创业就会增加 0.6072 个单位。网络零售知识的掌握对大学生互联网创业具有显著的促进作用，即大学生网络零售知识掌握得越多，其进行互联网创业的倾向越大。

再次，创业教育能够有效提升大学生互联网创业的积极性。通过上文对创业教育一元回归分析的结果可知，创业教育与大学生互联网创业之间存在显著的正相关关系，即每增加 1 个单位的创业教育，大学生的互联网创业就会增加 0.3097 个单位。创业教育对大学生互联网创业具有较强的促进作用，即大学生接受创业教育的程度越高，其进行互联网创业的倾向越大。

最后，良好的创业政策对大学生互联网创业具有促进作用。通过上文对创业教育一元回归分析的结果可知，创业政策与大学生互联网创业之间存在显著的正相关关系，即每增加 1 个单位的创业政策，大学生的互联网创业就会增加 0.2677 个单位。说明良好的创业政策对大学生互联网创业的倾向性具有较强的促进作用。

2. 策略建议

通过研究大学生互联网创业的影响因素，本书提出以下策略建议。

（1）互联网创业并非在网上卖东西，而是借助互联网进行创业活动。创业者在进行互联网创业时，应该考虑未来发展状况，做好知识储备，根据个人喜好，选择适合的创业模式。根据对网络营销、网络零售知识的了解程度，选择匹配创业模式的网络零售或网络营销方式，有利于创业者在互联网创业过程中发挥知识优势。

（2）学校在对学生进行创业教育时，应当充分考虑当前的互联网发展环境，结合互联网的相关创业案例，有针对性地进行互联网创业教育，引导大学生进行互联网创业。在条件允许的情况下，学校应当积极引入第三方资源进行创业教育，例如，邀请成功的互联网创业者参与大学生创业教育，举办知识讲座，进行经验分享与交流，与优秀企业建立校企合作关系等。

（3）政府应当进一步加大对大学生互联网创业的政策扶持力度，充分考虑在校大学生创业群体的特殊性，对进行互联网创业的大学生给予政策优惠。此外，政府亦可以组织相关政策知识的校园宣讲，帮助潜在创业者了解相关创新创业的扶持政策。

第十章　河南工业大学在校生互联网创新创业活动影响因素

第一节　大学生互联网创新创业活动影响因素研究现状

一、大学生互联网创业行为研究

陈飞（2016）认为，网络技术的快速发展对河南工业大学在校大学生来说是一把机遇与挑战并存的“双刃剑”。一方面，互联网的出现降低了创业成本，增加了大学生的创业机会，有助于实现大学生创业就业一体化的完成；另一方面，互联网创业是虚拟化的，这对大学生的创业能力提出了更高的要求。大学生创业能力的提升是促进大学生全面发展的重要组成部分，同时经济因素也是推动大学生创业行为的重要因素之一。周素娜（2016）指出，加强在校大学生的创业教育是适应“互联网 +”行动计划的需要，只有将移动互联网、大数据、物联网、云计算、电子商务等与大学教育课程相结合，才能助力大学生开展创业活动，并逐渐引导创新型、知识型人才不断涌现。

二、大学生互联网创业政策研究

互联网的不断发展改变了大学生群体的思维模式、行为模式以及谋生手段，互联网创业已经成为大学生创业就业的新方法、新途径。当前，中国经济发展正处于新旧动能转换的关键时期，由于互联网创业具有投入资金量少、占用资源量少的优势，依托互联网进行创新创业成为大学生的主要考虑因素。

彭鹏程（2017）认为，由于当前时期我国经济增速逐渐放缓、发展模式逐步转变导致大学生就业难、就业率低的问题，对高校毕业生进行互联网知识、经济管理知识、创业能力技能培训，开拓创新导向，以创新带动创业，不仅有助于高校毕业生个人价值的实现，也是国家对高校人才培养方式革新的期望，更是新时代发展的要求。杨明等（2016）指出，在新兴互联网技术发展的形势下，国家颁布的大学生创业利好政策促使大学生对新技术与新事物的好奇程度高于其他社会群体，使其对新生事物的发展具有良好的判断能力和辨别力。

三、大学生创业教育培训研究

陈飞（2016）认为，教育培训应该是多方面的，研究“互联网+”环境下大学生创业的机遇与挑战，其目的是通过教育培训帮助大学生认清就业行情、重塑观念，全方位提升大学生的能力素质，同时有助于提高大学生互联网创业的成功率。衣长涛等（2016）认为，良好的个人素质和心理抗压能力是不断学习、接受教育的结果，掌握科学的创业运营方法是大学生选择互联网创业必修课的目的。刘丁慧等（2016）提出，大学生群体具有学习能力强的优势，必须保持终身学习观念，学习新知识、新技术，用敏锐的眼光发现创新点，敢于在互联网创业的各个环节进行创新，找到突破点和盈利点。李玉琪（2018）认为，国家在实行产业转型升级的过程中，应鼓励大学生进行互联网创业，积极出台有助于大学生互联网创新创业的教育培训政策体系和创业帮扶政策体系；各高校应加强教育培训体系的改革，在启动资金、设备专利、信息支持等方面推动大学生创业进程。而大学生作为创业主体也应该树立创业信念、拓宽人脉视野，认真了解自身优缺点，积极学习创业相关知识和技能。

四、互联网创新创业现状研究

于泊（2017）开展的一项关于我国大学生创业现状的调查指出，大学生选择自主创业的比例为 10% ~20% ，其成功率只有 20% ~30% ，而网络创业的成功率更低。其原因主要在于“互联网 +”带来大量创业机会的同时，原有的运营模式被颠覆，而大学生对“互联网 +”这一新兴模式的了解不够充分，以及缺少创业启动资金等。周逸（2015）指出，现代化的创新思维模式必须经过长期的实践才能养成，因此系统的创业教育培训是大学生创业团队领导者必须参与的学习活动。刘洁（2010）认为，当前我国高等教育对互联网创新创业方面的重视程度依然不足，没有形成完整体系的课程逻辑，这导致学生对与互联网创业相关的技术知识、管理能力和市场知识掌握不足，同时高校缺乏应用技术与创业实践的相关教学实践。

第二节　大学生互联网创新创业活动影响因素理论分析与模型构建

一、理论分析

张雪玲和李嵩峰（2017）认为，社会舆论、政策引导、学校教育和个人知识能力水平是影响大学生互联网创新创业意愿的主要因素。白岩和张志义（2016）认为，新兴互联网技术涉及领域非常广泛，其核心领域包括移动互联、云计算、物联网等，这些技术已经应用于生活并被人们所熟知，对生活方式改变和行业发展产生了极大的推动作用，大学生在互联网领域内进行创新创业可以获得更多的机遇。黄斌维和张朋（2018）认为，在国家相继出台的一系列大学生创业优惠政策中，创业“绿色通道”是一项重要内容，其旨在简化大学生创业手续的办理，为其提供小额贷款和部分免息资金。进一步地，为提高大学生创新创业成功率，政府可以鼓励各高校提供免费的大学生互联网创业培训服务，使大学生深入了解国家相关政策和互联网时代特征，为大学生从事互联网创新创业活动提供引导。

二、模型构建

本书结合文献资料，根据调查问卷统计影响河南工业大学在校大学生互联网创新创业的因素，并整理相关数据进行分析，得出各项二级指标，如表10.1所示。

表10.1　因变量、自变量模型

指标	互联网创新创业意愿影响因素	指标	互联网创新创业意愿影响因素
Y	创业意愿的强弱程度	$X4$	环境氛围
$X1$	学校资源支持	$X5$	个人能力、意愿
$X2$	国家及政府政策措施	$X6$	家庭
$X3$	教育培训		

在调查中，变量选项采用五级分量表进行表示，如“您认为国家政策对大学生互联网创新创业有怎样的影响?”这一指标，包括“影响最大、影响较大、影响一般、影响较小、完全没有影响”五个选项。本书使用以下模型进行多元回归分析：

$$g(p) = \ln \frac{f(p)}{1 - f(p)} = \beta_0 + \beta_1 X1 + \beta_2 X2 + \cdots + \beta_{11} X11$$

三、指标选取与假设

本书将收入、性别、年级、专业作为固定变量，将学校资源（$X1$）、国家及政府政策措施（$X2$）、教育培训（$X3$）、环境氛围（$X4$）、个人能力（$X5$）、家庭（$X6$）作为自变量，回归分析各因素与大学生互联网创新创业意愿之间的作用关系，相关指标选取如图10.1所示。

（一）收入、性别、年级、专业影响

通过对问卷调查的数据进行分析可以发现，家庭收入对大学生互联网创新创业具有显著影响，且这一影响呈“倒U形”，即收入较低或者收入较高家庭大学生的创业意愿普遍较低，但中等收入家庭大学生的创业意愿普遍偏高。

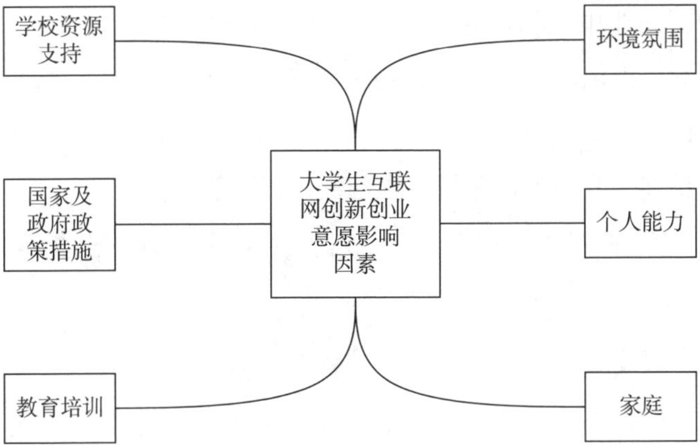

图 10.1　相关指标选取

对于性别变量，一些研究者认为，由于女性不认为创业是一种理想的职业发展途径，所以不希望成为创业者；另一些学者认为，女性需要承担更多的家庭责任，所以不倾向于创业。在创业行业选择中，男性往往具有更大的选择空间，女性偏向于零售与服务业，女性创业者承受失败的能力也相对低于男性。

年级的影响结果主要体现为大学二年级和大学三年级学生的互联网创业意愿大于大学一年级和大学四年级的学生，其原因是大学一年级学生接触专业知识和创业培训竞赛较少，缺乏对互联网创业项目的理解，而大学四年级学生由于课业负担较重并面临毕业和就业的双重压力，所以这两个年级学生的创业意愿较低。

专业对互联网创新创业的影响比较显著，不同专业的学生对互联网创业的理解程度和开展难度的度量各不相同，偏向商务专业的学生更具互联网创业的认知优势，尤其是电子商务专业和信息技术专业的学生，对于互联网创新创业的了解程度与实施程度明显高于其他专业的学生。

（二）学校资源支持

本书所讨论的学校资源主要是指学校提供的场地及资金。就实地调研来看，河南工业大学互联网创业项目初期启动资金大多依赖学校互联网创新创业专项资金的支持和地方政府的扶持。学校提供了大学生创业园，且每个学院均设有创新创业中心，这对在校生创业意愿和初期成功产生了积极影响。本书认为，学校提供的资金扶持和免费的创业场地对本校大学生的创业活动起正效应，即学校支持力度越大，越有助于互联网创业氛围和在校大学生创业成功率的提高。基于上述分析，本书提出以下假设。

假设 H1：学校资源支持对在校大学生互联网创新创业具有显著的正向影响。

（三）国家及政府措施

国家及政府对大学生互联网创新创业的影响性是至关重要的，学校的硬件设施、社会环境氛围根源于国家的导向和相关政策。“双创”政策的提出，进一步要求高校和社会对大学生群体的创新创业提供助力，国家通过培养大学生的创新创业意识，增强其能力技术，并加大支持力度，贯彻落实国家政策，以提高大学生互联网创新创业实际效果，促进国家经济可持续发展。本书认为，国家及政府措施的宽容开放程度越高、经济支持力度越大，对大学生互联网创新创业的促进作用越大。基于上述分析，本书提出以下假设。

假设 H2：国家及政府措施的支持对在校大学生互联网创新创业具有显著的正向影响。

（四）教育培训

教育培训反映了社会对大学生互联网创业的支持程度，也反映了河南工业大学学生对互联网创新创业资源的可获得程度。创业导师队伍可以有针对性地在大学生中普及互联网创新创业基础知识、启蒙创业意识，培养创业热情。国家相关职能部门应协同各高校，创造更多校内教师和学生到企业进修、实习的机会，拓宽创业导师队伍和学生的眼界，鼓励创业导师到企业挂职锻炼，将实践经验传授给希望进行互联网创新创业的学生群体。学校应鼓励学生多参加实习和与创业相关的课外竞赛。本书认为，普及化且有益的教育培训或实践项目对大学生互联网创业具有很大的促进作用。基于上述分析，本书提出以下假设。

假设 H3：教育培训的支持对在校大学生互联网创新创业具有显著的正向

影响。

（五）环境氛围

我国大众创业尚处于起步阶段，其中大学生互联网创业的模式和机制尚不成熟，缺乏完善的互联网创业政策法规保护，国内目前对知识产权的保护仍有较大的提升空间，政策扶持的力度也对大学生创新创业造成一定的制约；社会和学校内部对互联网创业的看法不一导致大学生畏于尝试个体创新创业。本书认为，正向的社会舆论和完善的创业环境可以促进大学生充分发挥自身能力进行创新创业。基于上述分析，本书提出以下假设。

假设 H4：环境氛围的提升对在校大学生互联网创新创业具有显著的正向影响。

（六）个人能力、意愿

互联网时代的发展，网络成为大学生自主学习的工具和展示风采的平台，大学生可以从中了解并掌握更多的新概念、新知识和新技术。在“互联网+”和大数据背景下，网络不仅是一种实践性工具，同时也是重要的思维方式，因此，大学生要具备对互联网创业的激情与勇气，合理测评自身优势，做好社会需求度和接受度调查，以此为基础制定合理可行、前景优良的创业项目。在个人能力的培养方面，大学生应努力学习提高专业素质，积极参加创业类课外竞赛和多种岗位的课外兼职。高校应重视对互联网创新创业的支持，积极举办相关培训活动，这对提高大学生群体的创业意愿具有极大的影响与推动作用。本书认为，优秀的个人创业能力和强烈的创业意愿对在校大学生的互联网创新创业具有很大的推动作用。基于上述分析，本书提出以下假设。

假设 H5：个人能力及创业意愿的提升对在校大学生互联网创新创业具有显著的正向影响。

（七）家庭因素

本书所讨论的家庭因素主要指是否为独生子女、家庭所在地类型、家乡所处地区、家庭收入、能获得的资源和父母对创业的态度等。本书认为，家庭收入较低或较高的学生群体对互联网创业的意愿较低，其家庭支持程度也较低；中等收入群体家庭的学生对互联网创业具有较大的意愿。因此，良好的家庭环境和家庭成员的支持对在校大学生互联网创新创业具有积极的推动作用。基于上述分析，本书提出以下假设。

假设 H6：良好的家庭环境对在校大学生互联网创新创业具有显著的正向影响。

四、问卷设计和数据收集

（一）问卷设计原则

本部分的问卷以河南工业大学在校生为调查主体，在设计问卷时着重考虑国家及政府政策、外部环境、家庭、学校资源、个人能力、教育培训等相关性较大的因素，对河南工业大学在校生互联网创新创业意愿的影响因素进行调查研究，并根据结果找出正向因素和反向因素，据此提出相关建议以解决制约当前大学生互联网创业的障碍。调查问卷的设计主要遵循以下五个原则。一是在设计问卷前，明确问卷设计的目的和主次要内容，通过问卷研究被调查对象的某种行为或通过问卷验证相关问题。二是问卷设计要贴近被调研人群，根据假设选定问题，问题的设定要聚焦某一个影响因素，尽量不出现一个题目涉及多个影响主体，避免不利于问卷分析统计的情况。三是问卷的各选项要具有独立性。四是选择题的选项要有依据性且尽可能包含所有可能出现的选项。五是明确问卷主体为河南工业大学在校大学生，并在问卷中设定筛选性问题，过滤无效问卷。

（二）问卷具体设计

本部分问卷的设计可分为四个部分。一是获取样本的性别、家乡区位、专业等特征，为分析样本的描述性统计做前期准备，该部分为 1 ~4 题。二是基础性问题，主要包括个人对互联网创业的了解程度、意愿、经历等，引出主要影响因素，并对主要因素的影响程度进行选择。三是各因素对河南工业大学在校大学生互联网创新创业意愿影响的具体问题，这些问题根据相关假设进行，采用五分量表，并对个人意愿的强烈程度和影响程度划分等级，依次表示为“非常赞同”“较为赞同”“一般赞同”“较不赞同”“非常不赞同”。四是询问解决方法，以多选题为主，目的是为后续措施分析提供数据支持。

（三）问卷发放和收集

本问卷利用问卷星软件制作、发布，此外，本研究利用问卷星的分析工具进行相关数据分析。本问卷调研时间为2019年4月16日至2019年4月18日，共收回问卷203份，回收率为94.5%，得到有效问卷200份。

第三节　大学生互联网创新创业活动影响因素分析

一、简要概述

本书对回收的样本数据进行描述性统计、相关和回归分析。通过信度和效度检验问卷合理性与数据质量；通过相关性分析确定各变量的相关性；通过回归分析确定正相关或负相关变量及各自变量对河南工业大学学生互联网创新创业意愿的影响程度。

二、信度和效度

（一）信度

本部分使用最常见的Cronbach's α 系数对所选参数进行信度分析，具体结果如表10.2所示。

表10.2　各信息变量信度检验

变量名称	样本数量（份）	题项个数（个）	α 值
学校硬件	203	2	0.815
国家及政府政策	203	3	0.799
教育培训	203	2	0.807
环境氛围	203	3	0.823
个人能力、意愿	203	4	0.837
家庭	203	2	0.806

从表10.2可知，大多数变量α值均在0.8左右，说明各变量的信度检验基本合格，可以进行下一步的分析。

表10.3　总体信度检验

细分变量	校正项总计相关性	项已删除的α系数	α系数
学校资源1	0.714	0.932	0.913
学校资源2	0.707	0.961	
国家及政府政策1	0.648	0.946	
国家及政府政策2	0.713	0.952	
国家及政府政策3	0.565	0.934	
教育培训1	0.714	0.983	
教育培训2	0.745	0.922	
环境氛围1	0.815	0.954	
环境氛围2	0.759	0.919	
环境氛围3	0.747	0.925	
个人能力、意愿1	0.770	0.952	
个人能力、意愿2	0.799	0.915	
个人能力、意愿3	0.793	0.941	
个人能力、意愿4	0.808	0.969	
家庭1	0.801	0.963	
家庭2	0.728	0.937	

相比于表10.2的变量单独检验，表10.3对量表进行整体信度检验。从表10.3可知，总体量表的α值，高达0.913，说明信度状况检验良好；校正项总计相关性均大于0.4。因此，量表较好地通过了信度检验。

（二）效度

本书利用KMO值进行效度检验。如表10.4所示，KMO值为0.908，且Bartlett's球形检验的Sig值小于0.005，说明量表整体效度良好。

表 10.4　整体量表效度检验

KMO 值		0.908
Bartlett's 球形检验	近似卡方	2029.024
	df	120
	Sig	0.000

根据表 10.5 中提取因子后的因子载荷系数、特征值、共同度和解释度可以看出，方差解释率均大于 70%、特征值均大于 1、因子载荷系数和共同度均大于 0.5，因此保留问卷所有题项。

表 10.5　预调研因子效度分析

公共因子	测量项	因子载荷系数	共同度	特征值	方差解释率（%）
学校资源	资金和场地	0.923	0.851	2.147	72.229
	教育可获得度	0.928	0.860		
国家政府政策	金融支持程度	0.878	0.772	2.277	74.551
	行政审批	0.824	0.679		
	提倡导向	0.852	0.726		
个人能力	认知水平与技术	0.903	0.815	2.436	76.591
	实践能力	0.943	0.890		
	创新创业能力	0.911	0.831		
教育培训	途径与项目	0.932	0.868	1.736	71.776
	普及水平	0.814	0.712		
环境氛围	舆论支持	0.919	0.844	2.375	75.842
	创业意愿	0.955	0.912		
家庭因素	支持程度	0.905	0.819	2.388	75.875
	收入	0.927	0.859		

三、数据分析

（一）描述性统计

1. 样本统计特征

本调查相关数据见表 10.6。

表 10.6 调查样本统计特征

样本统计变量	类别	频数	百分比（%）	累加百分比（%）
性别	男	78	39	39
	女	122	61	100
收入（元）	500～1000	13	6.5	6.5
	1000～1500	76	38.0	44.5
	1500～2000	69	34.5	79.0
	2000～2500	30	15.0	94.0
	2500 及以上	12	6.0	100.0
专业	经济管理类	61	30.5	30.5
	人文法学类	29	14.5	45
	基础科学类	28	14.0	59.0
	通信、计算机科学类	22	11.0	70.0
	土木、水利、环境类	9	4.5	74.5
	机械、电气类	18	9.0	83.5
	生物、医学类	12	6.0	89.5
	艺术设计类	7	3.5	93.0
	语言类	13	6.5	99.5
	其他	1	0.5	0.5
年级	大学一年级	24	12.0	12.0
	大学二年级	34	17.0	29.0
	大学三年级	50	25.0	54.0
	大学四年级	68	34.0	88.0
	研究生及以上	24	12.0	100.0

2. 样本行为特征

对于河南工业大学在校生互联网创新创业的意愿，约有 3.5% 的学生具有强烈的意愿并已实施创业行为，10.5% 的学生具有强烈意愿，26.0% 的学生具有意愿，39.0% 的学生具有一定意愿，21.0% 的学生从未有过创业意愿。在大学生是否具有创业潜质方面，选择不具有和完全不具有创业潜质的学生占比为 12.5%，16.0% 的大学生认为自己非常具有创业潜质，44.0% 的大学生认为自己具有一般创业潜质，27.5% 的大学生不清楚自己是否具备创业潜力。此外，52.5% 的大学生认为进行创业可以实现财富和人脉的快速积累等。

3. 量表描述性统计

本部分从国家及政府政策、学校资源、个人能力、教育培训、环境范围和家庭因素进行描述性统计，具体结果如表 10.7 所示。

表 10.7　量表描述性统计

细分变量	对应测量项	最小值	最大值	平均值	标准差
国家及政府政策 1	金融支持程度	1.00	5.00	2.30	1.069
国家及政府政策 2	行政审批	1.00	5.00	3.13	1.011
国家及政府政策 3	提倡导向	1.00	5.00	2.33	0.875
学校资源 1	资金与场地	1.00	5.00	2.38	1.103
学校资源 2	教育可获得度	1.00	5.00	2.48	0.925
个人能力 1	认知水平与技术	1.00	5.00	3.19	1.080
个人能力 2	实践能力	1.00	5.00	2.51	1.030
个人能力 3	创新创业能力	1.00	5.00	3.10	0.892
教育培训 1	途径与项目	1.00	5.00	2.32	1.015
教育培训 2	普及水平	1.00	5.00	3.65	1.028
环境氛围 1	舆论支持	1.00	5.00	2.10	0.992
环境氛围 2	创业意愿	1.00	5.00	2.30	0.966
家庭因素 1	支持程度	1.00	5.00	2.57	0.922
家庭因素 2	收入	1.00	5.00	2.81	0.919

（二）相关分析

本部分讨论创业意愿与各自变量因素之间的相关关系，具体结果如表 10.8 所示，创业意愿与个人能力、国家及政府政策、学校资源、教育培养、家庭因素、环境因素的系数分别是 0.830、0.739、0.774、0.658、0.457、0.756，表明这些因素与创业意愿存在正相关关系。

表 10.8　变量相关系数

变量	个人能力	国家及政府政策	学校资源	教育培养	家庭因素	环境因素	创业意愿
个人能力	1						
国家及政府政策	0.761**	1					
学校资源	0.725**	0.691**	1				

续表

变量	个人能力	国家及政府政策	学校资源	教育培养	家庭因素	环境因素	创业意愿
教育培养	0.620**	0.606**	0.642**	1			
家庭因素	0.498**	0.415**	0.429**	0.337**	1		
环境因素	0.739**	0.697**	0.676**	0.586**	0.506**	1	
创业意愿	0.830**	0.739**	0.774**	0.658**	0.457**	0.756**	1

注：** 表明任意两个变量之间的相关关系均在 0.01 的水平上显著。

（三）回归分析

本部分进行各自变量对创业意愿的多元回归分析。假设：

$$Y = \beta_0 + \beta_1 X_1 + \beta_2 X_2 + \beta_3 X_3 + \beta_4 X_4 + \beta_5 X_5 + \beta_6 X_6 + e$$

其中 Y 是被解释变量河南工业大学在校生互联网创新创业意愿，X_1 代表学校资源，X_2 代表国家及政府政策，X_3 代表教育培训，X_4 代表环境氛围，X_5 代表个人能力，X_6 代表家庭，β_1、β_2、β_3、β_4、β_5、β_6 为解释变量系数，β_0 表示常量，e 为随机误差项。通过 SPSS 软件计算所得回归分析结果如表 10.9 至表 10.11 所示。

表 10.9 模型汇总

模型	R	R^2	调整 R^2	标准估计的误差	Durbin - Watson (U)
1	0.884[a]	0.781	0.774	0.490	2.078

由表 10.9 可知，R 值大于 0.8，R^2 接近 0.8，表明拟合效果很好。D - W 值约为 2，表明数据没有自相关性。

表 10.10 变异数表

模型		平方和	df	均方	F	Sig
1	回归	167.658	6	27.943	116.303	0.000
	残差	47.091	196	0.240		
	总计	214.749	202			

由表 10.10 可知，p 值小于 0.05，该模型通过 F 检验，说明设置的自变量中至少有一项对创业意愿产生影响。

表 10.11 系数检验

模型	非标准化系数		标准系数	t	Sig	共线性统计量	
	B	标准误差	*B*			容差	VIF
（常量）	-0.261	0.136		-1.914	0.057		
个人能力	0.471	0.075	0.392	6.317	0.000	0.291	3.442
国家及政府政策	0.100	0.068	0.083	1.472	0.143	0.351	2.846
学校资源	0.267	0.060	0.244	4.464	0.000	0.375	2.667
教育培训	0.094	0.044	0.101	2.156	0.032	0.514	1.944
家庭因素	-0.009	0.057	-0.006	-0.154	0.878	0.708	1.413
环境因素	0.214	0.063	0.188	3.395	0.001	0.367	2.728

由表 10.11 可知，VIF 值均小于 5，说明多元共线性问题不影响本研究的多元回归分析。

从显著性来看，在 0.1 的显著性水平下，个人能力、学校资源、环境因素和教育培训的影响均为显著。其中，个人能力和学校资源的显著性为 0，说明特别显著；环境因素的显著性为 0.001，说明特别显著；教育培训的显著性为 0.032，说明比较显著；家庭因素的显著性为 0.878，说明不显著。

从影响程度来看，个人能力的影响系数为 0.471，影响最显著，表明个人能力是影响河南工业大学大学生互联网创新创业的重要因素，学校资源和环境因素对互联网创业意愿的影响次之，家庭因素的影响较弱。

根据系数检验可得到本研究的多元回归方程，其中 y 是 Y 的估计值：

$$y = -0.261 + 0.267X_1 + 0.100X_2 + 0.094X_3 + 0.214X_4 + 0.471X_5 - 0.009X_6$$

四、实证结果分析

经过实证分析，本书对河南工业大学在校生互联网创新创业影响意愿的研究得出如下结果。

H1：学校资源对河南工业大学在校生互联网创新创业意愿具有显著的正

向影响成立，该假设被接受。

H2：国家及政府政策支持对河南工业大学在校生互联网创新创业意愿具有显著的正向影响成立，该假设被接受。

H3：教育培训支持对河南工业大学在校生互联网创新创业意愿具有显著的正向影响成立，该假设被接受。

H4：环境氛围支持对河南工业大学在校生互联网创新创业意愿具有显著的正向影响成立，该假设被接受。

H5：良好的个人能力对河南工业大学在校生互联网创新创业意愿具有显著的正向影响成立，该假设被接受。

H6：家庭支持对河南工业大学在校生互联网创新创业意愿无显著正向影响成立，该假设被拒绝。

综上，学校资源、国家及政府政策、教育培训、环境氛围、个人能力对河南工业大学在校生互联网创新创业具有显著正向影响；家庭因素对河南工业大学在校生互联网创新创业无显著正向影响。

五、相关建议

根据问卷情况和数据统计，本书提出以下建议。

1. 加大大学生互联网创新创业资金投入力度，优化创业市场环境

为解决与优化大学生创业资金短缺的难题，学校、社会和国家应建立合作机制，增加投入资金、拓宽融资渠道，保证充足资金致力于大学生互联网创新创业。学校应发挥人才培养的主体力量，积极寻找企业合作方，以校企合作或产学研合作模式提高企业积极性，为大学生创业提供更多孵化机会。政府有关部门应积极响应国家号召，制定专项创业贷款、简化申办流程，为大学生创业创造有利条件，同时营造良好的社会舆论氛围，可以鼓励更多的天使投资人从事大学生互联网创新创业基金领域。

2. 培养大学生创业意愿，提高大学生创业能力

在大学生创业初期，强烈的创业热情和正确的创业方向对互联网创业是十分必要的。一方面，大学生要有一定的商业知识和敏锐的商业嗅觉，大学

生的创业项目既要创新又要贴合市场，可以选择目标群众接纳率较高的项目进行试水。另一方面，大学生群体极具活力，好的创业团队能够满足创业初期的产品研发、运行，因此，在团队建设方面应着重考虑成员间的优势互补。

3. 优化大学生创新创业氛围

我国对“互联网+”和大数据的投入日益加强，且相关建设初具规模，电子商务的发展势头突飞猛进。政府部门应和社会力量一起进一步严厉打击网络违法犯罪、增强群众诚信意识、弘扬“双创”文化，确保公平公正的技术竞争，营造良好的社会创业氛围，以开创大学生互联网创新创业的新局面。

4. 加强政府、社会和高校的协同机制，提供更多的创业平台

政府部门应通过金融政策引导为大学生创新创业提供初步的资金来源，根据创业领域和性质进行适当的政策优惠；社会应积极、友善地接纳初入社会的创业青年，为其提供发展空间，构建良好的竞争环境。高校应注重课程优化，丰富实践类创业课程教学，积极传播互联网创新创业理念，提高学生的商业运营能力；强化创业实践类赛事活动的引导促进作用，为具有强烈互联网创新创业意愿的大学生成功创业打下坚实基础。

第十一章　在校大学生淘宝创业的影响因素

第一节　大学生淘宝创业影响因素的研究背景

一、大学生创业人数持续增长

近年来，我国就业市场持续面临供大于求的局面。在此背景下，培育"双创"的新引擎、鼓励更多的大学生投入自主创业，成为一项重要的战略举措。麦可思研究院发布的中国大学生就业数据显示，2017 年我国高校毕业生自主创业人数占毕业生总数的比例突破 4%，呈持续攀升趋势。同时，由于电子商务创业具有多元化且门槛低的优势，每年均有众多大学生加入电子商务创业大军。在国家和地方各类创业政策的有力扶持下，大学生创业活动日益普遍。

二、大学生淘宝创业影响因素研究的必要性

进入 21 世纪以来，电子商务平台飞速发展，为大学生创造了广阔的创业平台。在我国电商平台交易规模不断突破历史高度、网络交易量和电商创新应用呈直线上升的趋势下，大学生群体逐渐成为电商平台创业的主力军。阿里巴巴集团旗下的淘宝网作为国内最大的电子商务平台，无疑成为大学生实现自主创业的主要阵地。

然而，创业是一项诱惑与风险并存的活动，尽管大学生具有较高的电商创业热情，但是由于缺乏完善的创业培训，不少大学生很容易因创业中遇到

的困难不能及时解决而丧失信心，从而距离创业成功渐行渐远。因此，有必要对具有从事淘宝创业意向的大学生进行调查分析，探寻其内在动因以及影响大学生淘宝创业的主要因素，在此基础上为大学生的淘宝创业活动提出合理的建议。

第二节 大学生淘宝创业意向影响因素研究现状及不足

程凡可（2016）指出，淘宝网自2003年创立发展至今，成为电商领域的领跑者，其通过不断细化产品体系以满足消费者需求。向诚（2015）指出，淘宝网依靠互联网搭建交易网络，相较传统贸易减少了采购、生产、销售、管理等中间环节的成本，提高了交易效率。淘宝网为创业者营造了一个低成本的创业环境，这对尚未踏入社会的在校大学生来说，资金需求问题可以得到很好的解决，是比较友好的自主创业平台。

一、创业意向概念的界定

创业意向是一种心理状态，反映个体的注意力、经历和行为指向创业活动的程度，其可以预测个体的创业行为。陆根生等（2013）在创业意向的研究中将大学生的创业意向界定为其未来选择创业的心理倾向。吕晓帆（2014）认为，创业意向是一种可能性，其受大学生个体特质、背景及外在环境的影响并随之发生相应改变。本部分研究将大学生创业意向定义为大学生整合当下的机会与资源，并通过创业活动创造新价值的心理倾向。

二、大学生淘宝创业意向影响因素的研究现状

孙俊华等（2017）将影响大学生创业意向的因素概括为以下四个方面。一是人口学特征，高风险偏好使男性大学生更偏向承担创业的风险，其创业

意向强于女性大学生；二是家庭背景特征，家庭背景较好的大学生承担创业风险的意愿越强，其创业意愿也越强；三是具有创业教育背景和相关经历的大学生的创业意向更强；四是具有创业榜样并与其频繁互动的大学生的创业意向更强。

在大学生淘宝创业的过程中，个人特质成为创业意向乃至创业成功的重要因素之一。张影（2016）研究大学生淘宝创业过程中存在的问题，发现创业者的心理素质会影响创业结果。尹苗苗和张笑妍（2019）在调查我国大学生创业能力提升路径时证实了创业者特质可以直接影响其创业能力，并在创业学习过程中发挥积极作用。积极乐观的性格往往有助于创业者构建广泛的社会网络关系，有助于创业者获得信息和知识，这也说明社会网络关系是创业者获得成功的重要条件。

创业活动根植于社会网络，通过社会网络，创业者可以获得资本、信息、信誉和知识等方面的支持（陆根生、彭正霞、康卉，2013）。尹志超等（2015）发现，父母的社会网络对其子女创业并不具有显著促进作用，但父母的教育水平可能会影响子女创业。严毛新（2014）从嵌入理论的视角分析大学生创业活动，发现大学毕业生的创业活动最终需要嵌入社会网络，且加快推进成长型中小企业创业环境的整体优化，将有助于促进高校教师与学生更便利地嵌入外部社会网络。

郭莹（2013）指出，影响大学生淘宝创业的因素主要有四个方面。一是政府。为鼓励大学生自主创业，政府出台许多相关政策，但惠及网络创业的范围小、力度低。二是学校。虽然各高校鼓励学生自主创业，但是多数高校还没有完善的政策对创业学生进行有效的管理。三是电商企业。部分电商企业推出了支持大学生进行淘宝创业的扶持政策。四是大学生。作为接受高等教育的群体，大学生接受淘宝创业这种新鲜网络创业模式较快。黄远飞（2015）对影响大学生淘宝创业的主要因素进行了补充研究。一是创业团队的选择，创业成功的关键在于人才团队的搭建；二是对待项目的信心，对创业项目充满信心是保证创业成功的重要基础；三是创业教育对淘宝创业也会产生积极影响。

三、大学生淘宝创业意向影响因素研究的不足

第一，针对大学生淘宝创业意向影响因素的研究较少，已有文献较多关注大学生创业的宏观方面，鲜有针对淘宝平台的具体分析。

第二，已有文献多从整个社会群体的角度分析淘宝创业的各种影响因素，缺乏对某一个特征或年龄群体的针对性分析，特别是在校大学生群体。

第三，随着国内其他电商平台的迅猛发展，淘宝平台的发展增速有所放缓，淘宝创业的环境相应发生变化，大学生淘宝创业的影响因素也随之发生变化，但已有研究并未对其进行及时跟进。

第三节　大学生淘宝创业意向影响因素理论模型的构建

本书选取社会网络相关理论作为支撑构建研究模型，其具体思路从以下两个视角进行阐释。

视角一：大学生的个人特质。虽然个人特质包含多种因素，但不是所有因素均会对创业意向产生影响。通过文献查阅与调研可以发现，个性特质中创新、冒险和成就特质对创业意向具有显著影响，其中个人成就特质对创业意向的影响程度最大，这主要是因为创业活动具有一定的挑战性，创业是一个发现新事物、抓住新机遇的过程。另外，创业是一项高风险活动，个人的冒险倾向会直接影响个体是否有可能投入创业活动。

视角二：大学生所处的社会网络。社会网络被认为是创业者获取关键信息和资源的主要渠道。社会网络中存在许多节点，这些节点通过个体间的互动与联结，形成复杂的关系网络，进而影响网络中成员的社会行为。社会网络理论认为，社会网络的结构和性质会影响个体意向，进而影响其实际行为；个体可以通过社会网络中的关系为其行为提供信息和资源支持。因此，大学生的社会网络会影响他们的淘宝创业意向。本书将大学生社会网络划分为三

个维度，即网络异质性、网络规模和网络关系强度。根据以上分析，大学生淘宝创业意向影响因素研究模型如图 11.1 所示。

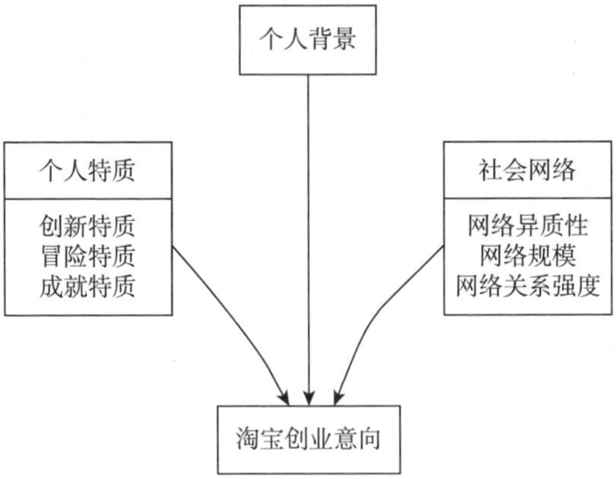

图 11.1　大学生淘宝创业意向影响因素研究模型

第四节　大学生淘宝创业影响因素分析

一、研究假设

（一）个人特质因素与淘宝创业意向的关系假设

个人特质指相对稳定的性格特征，是学者研究创业意向时必不可少的因素。陈丹和王文科（2012）以山东省三所高校的学生为研究样本得出人格特质中个人成就、内部控制和风险承担与创业意向呈显著相关关系。周静静（2014）对“90 后”大学生人格特质与创业意向进行分析后发现，创新、主动和冒险人格与创业意向呈显著正相关。综合文献分析，创新、冒险和成就这三种人格特质对创业意向具有显著影响。因此，本书提出如下假设。

H1a：大学生创新特质与淘宝创业意向呈显著正相关。

H1b：大学生冒险特质与淘宝创业意向呈显著正相关。

H1c：大学生成就特质与淘宝创业意向呈显著正相关。

（二）社会网络因素与淘宝创业意向的关系假设

社会网络被认为是创业者获取关键信息和资源的主要渠道。已有研究表明，影响创业意向的主要环境因素包括社会因素和家庭因素。一般而言，大学生的亲戚、朋友等社会关系对其创业意向均具有不同程度的影响。因此，本书提出如下假设。

H2a：网络异质性与淘宝创业意向呈显著正相关。

H2b：网络规模与淘宝创业意向呈显著正相关。

H2c：网络关系强度与淘宝创业意向呈显著正相关。

（三）大学生个人背景与淘宝创业意向的关系假设

周宪和胡中峰（2015）的研究结论表明，在大学生创业意向中男性的创业意向均值明显高于女性的创业意向，因此得出男性创业意向整体高于女性的结论。刘海鹰（2010）研究表明，来自有创业背景家庭的大学生创业意向要高于没有创业背景家庭的大学生。叶映华（2009）发现有过工作经历的大学生创业意向要明显高于没有工作经历的大学生。因此，本书提出如下假设。

H3a：男性淘宝创业意向高于女性。

H3b：高年级大学生的淘宝创业意向高于低年级的大学生。

H3c：经管类专业的大学生的淘宝创业意向高于其他专业的大学生。

H3d：家庭居住地为城市的大学生淘宝创业意向高于家庭居住地为乡镇的大学生。

H3e：有淘宝创业经历的大学生的淘宝创业意向高于没有淘宝创业经历的大学生。

H3f：有工作经历的大学生的淘宝创业意向高于没有工作经历的大学生。

二、问卷设计

（一）研究对象的选择

本书以河南工业大学在校生为研究对象，主要探究大学生的个人背景、特质以及大学生所处的社会网络对其淘宝创业意向的影响。该问卷主要通过问卷星线上平台在本校各年级、各专业的班级群进行发放和回收。

（二）问卷自变量指标测量

为了验证上文提出的关系假设，本小节依据相关理论为各指标设计对应的题项。

1. 个人特质因素对应指标测量

与大学生淘宝创业意向相关的个人特质主要包括三个方面，即创新特质、冒险特质和成就特质，具体设置如表 11. 1 所示。

表 11. 1　个人特质测量题项设计

自变量	指标设计	测量题项
个人特质	创新特质	我喜欢有创意的事物 我喜欢激发想象力，用不同的方法解决问题
	冒险特质	相对没有风险的任务，我更乐于承担有一定风险的任务 相对简单的任务，我更乐于承担有一定难度的任务
	成就特质	相对容易成功的任务，我更乐于承担能够满足自我实现感的任务 相对指令性任务，我更乐于承担需要一定能力或创造性才能完成的任务

2. 社会网络因素对应指标测量

与大学生淘宝创业意向相关的网络因素主要包括三个方面，即网络异质性、网络规模和网络关系强度。社会网络测量题项设计如表 11. 2 所示。

表 11. 2　社会网络测量题项设计

自变量	指标设计	测量题项
社会网络	网络异质性	我与较多身处不同领域的人保持联系 我与较多不同专业的同学保持联系
	网络规模	我在学校里和社会上认识更多的人 必要时我能找到更多为我提供帮助的人
	网络关系强度	进行淘宝创业，我可以得到很多亲人和朋友的支持 进行淘宝创业，我总是可以快捷地从他人处获得有用的信息或帮助

3. 个人背景指标设计

本书对大学生性别、年级、专业、家庭居住地等基本背景信息进行调查，具体设置如表 11.3 所示。

表 11.3 个人背景题项设计

变量	测量题项
个人背景	性别 年级 专业 家庭居住地 淘宝创业经历 工作经历

（三）大学生淘宝创业意向测量

本书根据计划行为理论和淘宝创业意向的相关研究，从行为态度方面测量大学生淘宝创业意向程度。个人背景题项设计如表 11.4 所示。

表 11.4 个人背景题项设计

因变量	测量题项
淘宝创业意向（Y）	对我而言，淘宝创业的吸引力大于普通就业 未来有淘宝创业的打算 已有淘宝创业相关的规划 主动了解过淘宝创业相关的详细流程

三、样本与数据收集

问卷通过线上作答方式，在校内各年级、各专业班级群发放。另外，本书研究对象是河南工业大学在校生，为保证回收问卷数据的有效性，需要对回收的问卷进行筛选，剔除无效问卷。剔除标准是：①来自 IP 不属于郑州的问卷；②来自高校不属于河南工业大学的问卷；③填答时间少于 30 秒的问卷。本次调查共计回收问卷 227 份，其中有效问卷 200 份，有效回收率为 88%。

四、样本数据描述性统计分析

本次问卷调查，在性别方面，参与调研的男性为 87 人，女性为 113 人，男女比例为 4∶6，较均衡；在家庭居住地方面，居住在城市的大学生占比为 43%，居住在乡镇的大学生占比为 57%；在创业经历方面，有淘宝创业经历的大学生占比为 22%，无淘宝创业经历的大学生占比为 78%；在工作经历方面，有工作经历的大学生占比为 46%，无工作经历的大学生占比为 54%；在年级分布方面，大学一年级学生占比为 19.5%，大学二年级学生占比为 22.0%，大学三年级学生占比为 18.0%，大学四年级学生占比为 25.0%，研究生占比为 15.5%；在专业分布方面，文史类大学生占比为 19.0%，理工类大学生占比为 27.5%，经管类大学生占比为 21.5%，外语类大学生占比为 19.5%，法学类大学生占比为 12.5%。

五、淘宝创业意向影响因素模型中各因素信度与效度分析

（一）信度分析

从表 11.5 可以看出，个人特质整体量表的 Cronbach's α 系数为 0.919，其分量表 Cronbach's α 系数分别为 0.790、0.868 和 0.884，均大于 0.7，量表通过一致性检验。社会网络整体量表 Cronbach's α 系数为 0.931，其分量表 Cronbach's α 系数分别为 0.904、0.766 和 0.850，均大于 0.7，量表通过一致性检验。个人背景量表和淘宝创业意向量表的 Cronbach's α 系数分别为 0.893、0.913，均大于 0.7，因此量表整体通过一致性检验。

表 11.5　个人特质、社会网络、个人背景和淘宝创业意向量表的信度检验

研究变量	题项数	Cronbach's α 系数	分量表	题项数	Cronbach's α 系数
个人特质	6	0.919	创新特质	2	0.790
			冒险特质	2	0.868
			成就特质	2	0.884
社会网络	6	0.931	网络异质性	2	0.904
			网络规模	2	0.766
			网络关系强度	2	0.850
个人背景	6	0.893	个人背景	6	0.893
淘宝创业意向	4	0.913	创业意向	4	0.913

（二）效度分析

1. 总体效度分析

通过文献研究，设计适用于大学生淘宝创业意向影响因素的量表。该量表总体效度高于0.9，符合研究需要。KMO样本测度和Bartlett's球形检验见表11.6。

表11.6 KMO样本测度和Bartlett's球形检验

KMO样本测度		0.918
Bartlett's球形检验	近似卡方	1027.024
	df	76
	Sig	0.000

由表11.6可知，KMO值为0.918，表明该组调查数据适合做因子分析；Bartlett's球形检验的显著性概率Sig < 0.001，表明该组数据的相关矩阵并非单位矩阵，适合做因子分析，整体量表有效。

2. 方差贡献率

具体效度分析结果如表11.7所示，各变量的KMO值均在0.7以上，Bartlett's球形检验显著，表明各维度的因素适合做因子分析；量表因子共同度均达到0.6以上，表明各因子与研究变量之间具有很高的相关性。方差贡献率反映提取的公因子对原有变量的解释程度，其与100%的接近程度反映各因子的解释能力。

表11.7 个人背景、个人特质、社会网络和淘宝创业意向量表的效度检验

变量	KMO	Sig	题项	共同度	方差贡献率（%）	特征值
个人背景	0.819	0.000	Q1	0.818	70.957	3.145
			Q2	0.914		
			Q3	0.838		
			Q4	0.767		
			Q5	0.792		
			Q6	0.871		

续表

变量	KMO	Sig	题项	共同度	方差贡献率（%）	特征值
创新特质	0.797	0.000	Q7	0.854	77.489	2.446
			Q8	0.795		
冒险特质	0.756	0.000	Q9	0.837	74.964	1.445
			Q10	0.785		
成就特质	0.865	0.000	Q11	0.886	66.510	1.433
			Q12	0.759		
网络异质性	0.778	0.000	Q13	0.829	70.283	2.402
			Q14	0.848		
网络规模	0.811	0.000	Q15	0.828	62.651	1.635
			Q16	0.842		
网络关系强度	0.742	0.000	Q17	0.795	66.275	1.407
			Q18	0.688		
淘宝创业意向	0.807	0.000	Q19	0.748	79.751	3.190
			Q20	0.779		
			Q21	0.769		
			Q22	0.823		

综上所述，该问卷整体的结构效度较好，问卷在变量设计上较合理，可以满足研究需要。

六、淘宝创业意向影响因素模型中各要素的相关分析与回归分析

（一）相关分析

由表 11.8 显示的数据可知，淘宝创业意向与大学生个人特质的创新，冒险和成就特质以及社会网络的网络异质性、规模、关系强度等指标间的 Pearson 相关系数均处于（0，1）之间，表明个人特质、社会网络维度下的指标与淘宝创业意向呈显著的正向相关关系，说明有较高个人特质和社会网络的个体具有更强的淘宝创业意向。

表 11.8　各变量相关分析矩阵

特质分类	均值	标准差	创新特质	冒险特质	成就特质	网络异质性	网络规模	网络关系强度	淘宝创业意向
创新特质	3.6725	0.8545	1						
冒险特质	3.0450	1.0238	0.716**	1					
成就特质	3.7800	0.8849	0.767**	0.765**	1				
网络异质性	3.4575	1.0035	0.568**	0.546**	0.620**	1			
网络规模	3.2750	0.9678	0.638**	0.671**	0.650**	0.876**	1		
网络关系强度	2.5225	1.2002	0.397**	0.443**	0.352**	0.445**	0.474**	1	
淘宝创业意向	2.6700	1.0800	0.419**	0.486**	0.392**	0.467**	0.503**	0.954**	1

注：**表示 $p<0.01$，在 0.01 水平上（双侧）显著相关。

（二）回归分析

本部分主要使用 SPSS 软件分析淘宝创业意向与大学生个人特质中的创新、冒险和成就特质，以及社会网络因素中的网络异质性、网络规模和网络关系强度之间的相关程度。

表 11.9　各变量回归分析

变量	因变量：淘宝创业意向	
	模型 1	模型 2
控制变量		
性别	0.391**	0.378**
年级	0.080	0.012
专业	0.012	0.024

续表

变量	因变量：淘宝创业意向	
	模型 1	模型 2
自变量		
创新特质		0.326
冒险特质		0.181 * *
成就特质		0.221 * *
网络异质性		0.084 * *
网络规模		0.127 * *
网络关系强度		0.284 * *
R^2	0.293	0.355
调整后的 R^2	0.272	0.322
F 值	9.099 * * *	16.031 * * *

注：* * 表示 $p<0.01$，在 0.01 水平上（双侧）显著相关；* * * 表示 $p<0.001$，在 0.001 水平上（双侧）显著相关。

由表 11.9 可知，性别、年级和专业三个控制变量中，模型 1 中只有性别在 0.01 的水平上对大学生淘宝创业意向的影响作用具有显著性。模型 2 中调整后的 R^2 为 0.322，即解释程度为 32.2%，且调整后的 R^2 值大于模型 1，说明自变量对淘宝创业意向的作用并没有受控制变量的影响。F 值为 16.031，在 0.001 的水平上显著。

1. 个人特质与大学生淘宝创业意向的关系

创新特质与大学生淘宝创业意向间的偏回归分析系数为 0.326，其显著性检验 p 值未达到显著性水平（$p>0.05$），说明创新特质与淘宝创业意向无相关关系，假设 H1a 不成立。

冒险特质与大学生淘宝创业意向的偏回归分析系数为 0.181，其显著性检验 p 值达到显著性水平（$p<0.01$）。回归系数大于 0，且 p 值达到显著性水平，说明冒险特质与大学生淘宝创业意向呈显著正相关，假设 H1b 成立。

成就特质与大学生淘宝创业意向的偏回归分析系数为 0.221，其显著性

检验 p 值达到显著性水平（$p<0.01$）。回归系数大于0，且 p 值达到显著性水平，说明成就特质与大学生淘宝创业意向呈显著正相关，假设 H1c 成立。

2. 社会网络与大学生淘宝创业意向的关系

网络异质性与大学生淘宝创业意向的偏回归分析系数为0.084，其显著性检验 p 值达到显著性水平（$p<0.01$）。回归系数大于0，且 p 值达到显著性水平，说明网络异质性与大学生淘宝创业意向呈显著正相关，假设 H2a 成立。

网络规模与大学生淘宝创业意向的偏回归分析系数为0.127，其显著性检验 p 值达到显著性水平（$p<0.01$）。回归系数大于0，且 p 值达到显著性水平，说明网络规模与大学生淘宝创业意向呈显著正相关，假设 H2b 成立。

网络关系强度与大学生淘宝创业意向的偏回归分析系数为0.284，其显著性检验 p 值达到显著性水平（$p<0.01$）。回归系数大于0，且 p 值达到显著性水平，说明网络关系强度与大学生淘宝创业意向呈显著正相关，假设 H2c 成立。

综上所述，模型的假设检验结果如表11.10所示。

表11.10　模型假设检验

假设编号	研究假设	检验结果
	个人特质与大学生淘宝创业意向	
H1a	创新特质与淘宝创业意向呈显著正相关	不通过
H1b	冒险特质与淘宝创业意向呈显著正相关	通过
H1c	成就特质与淘宝创业意向呈显著正相关	通过
	社会网络与大学生淘宝创业意向	
H2a	网络异质性与淘宝创业意向呈显著正相关	通过
H2b	网络规模与淘宝创业意向呈显著正相关	通过
H2c	网络关系强度与淘宝创业意向呈显著正相关	通过

七、不同背景的在校大学生淘宝创业意向的差异分析

（一）不同性别的大学生淘宝创业意向的差异检验

表 11.11　淘宝创业意向的性别差异检验

组别	样本数量	均值	标准差	T	*p*
男	88	2.739	1.059	44.333	0.000
女	112	2.616	1.098		

表 11.11 中独立样本 T 检验的结果显示，男性的淘宝创业意向与女性具有显著差异（$p<0.05$），结合表中的均值可知，男性的淘宝创业意向显著强于女性，因此验证假设 H3a。这也在一定程度上反映了女性更倾向于寻求相对稳定的工作，男性比女性更倾向于创业。

（二）不同年级的大学生淘宝创业意向的差异检验

表 11.12　淘宝创业意向的年级差异检验

组别	样本数量	均值	标准差	F	*p*
大学一年级	39	2.546	1.070	1.275	0.281
大学二年级	44	2.670	1.168		
大学三年级	36	2.710	1.338		
大学四年级	50	2.745	0.894		
研究生及以上	31	2.891	0.863		

表 11.12 中单因素方差分析的结果显示，不同年级在校大学生的淘宝创业意向无显著差异（$p>0.05$），但从均值可以看出，年级越高的大学生越倾向于淘宝创业，因此拒绝假设 H3b。说明高年级大学生的认知经验与社会阅历相对更丰富，其具有一定的淘宝创业相关资源积累，更倾向于淘宝创业。

（三）不同专业的大学生淘宝创业意向的差异检验

表 11.13 淘宝创业意向的专业差异检验

组别	样本数量	均值	标准差	T	*p*
文史类	38	2.756	1.284		
理工类	50	2.840	0.824		
经管类	43	2.796	0.896	1.151	0.334
外语类	39	2.540	1.301		
法学类	30	2.383	1.090		

表 11.13 中单因素方差分析的结果显示，不同专业在校大学生的淘宝创业意向无显著差异（$p>0.05$），但从均值可以看出，理工类和经管类专业相比其他专业的在校大学生更倾向于淘宝创业，因此拒绝假设 H3c。专业在一定程度上决定大学生的知识结构，文科类专业的学生所学知识理论性强，但缺乏应用性知识，因此其创业意向相对较低。经管类学生对市场经济和企业管理更加了解，更有助于把握市场机会。理工类学生往往理论与实践知识并重，相比之下更倾向于淘宝创业。

（四）不同家庭居住地的大学生淘宝创业意向的差异检验

表 11.14 淘宝创业意向的家庭居住地差异检验

组别	样本数量	均值	标准差	T	*p*
城市	87	2.951	1.140	44.532	0.000
乡镇	113	2.454	0.982		

表 11.14 中独立样本 T 检验的结果显示，来自城市的大学生的淘宝创业意向与来自乡镇的大学生的淘宝创业意向具有显著差异（$p<0.05$），从均值可以看出，来自城市的大学生的淘宝创业意向显著强于来自乡镇的大学生，因此验证假设 H3d。这一结果在一定程度上反映了家庭经济实力对在校大学生的淘宝创业活动具有重要影响。

（五）不同淘宝创业经历的大学生淘宝创业意向的差异检验

表 11.15　淘宝创业意向的淘宝创业经历差异检验

组别	样本数量	均值	标准差	T	*p*
是	46	3.016	1.031	59.332	0.000
否	154	2.567	1.076		

表 11.15 中独立样本 T 检验的结果显示，有无淘宝创业经历对大学生的淘宝创业意向存在显著差异（$p<0.05$），从均值可以看出，有过淘宝创业经历的大学生的淘宝创业意向显著高于没有淘宝创业经历的大学生，因此验证假设 H3e。

6. 不同工作经历的大学生淘宝创业意向的差异检验

表 11.16　淘宝创业意向的工作经历差异检验

组别	样本数量	均值	标准差	T	*p*
是	107	2.688	1.037	41.434	0.000
否	93	2.654	1.133		

表 11.16 中独立样本 T 检验的结果显示，有无工作经历对大学生的淘宝创业意向存在显著差异（$p<0.05$），从均值可以看出，有工作经历的大学生的淘宝创业意向强于没有工作经历的大学生，因此验证假设 H3f。这在一定程度上反映出有工作经历的大学生视野更加开阔，能更好地结合理论与实践，在面对就业时能进行更积极的尝试，因此其淘宝创业意向更强。

第五节　大学生淘宝创业意向影响因素

本书以河南工业大学在校生为研究对象，通过调查问卷对 200 名河南工业大学在校生进行研究，探讨个人特质和社会网络对大学生淘宝创业意向的影响，并通过对背景因素差异性检验，得出大学生淘宝创业意向的主要影响因素。

一、个人特质与大学生淘宝创业意向

（一）创新特质对淘宝创业意向的影响

结果表明，创新特质与创业意向不存在显著关系，这一结论与以往的研究结论不同，其主要原因为样本选择的范围是河南工业大学在校生，说明大学阶段的创新教育亟须加强，大学生的创新思维与意识是创业活动的重要基础，大学生的创新素质与能力离不开学校对创新教育的积极投入。

（二）冒险特质对淘宝创业意向的影响

创业本身是一项风险性较高的活动，冒险特质明显的大学生，具备无畏的挑战精神，面对困难表现出迎难而上的勇气，喜欢对未知领域进行更多的尝试，也具备更多发现新机遇的能力，这类特质在淘宝创业活动中的体现尤为明显。因此，冒险特质显著的大学生的淘宝创业意向更强，其对淘宝创业意向具有促进作用。

（三）成就特质对淘宝创业意向的影响

成就特质显著的大学生更注重追求自我价值的实现，更倾向全心全意追求某个目标，喜欢接受挑战。淘宝创业相对而言更具有挑战性，淘宝创业成功会给个体带来更高的成就感。因此，成就特质显著的大学生的淘宝创业意向更强，其对淘宝创业意向具有促进作用。

总之，个人特质与大学生创业意向存在一定的相关性，但影响程度相对较小，且个人特质是比较稳定的内在因素，不易受外界环境影响而发生较大的改变。对待不同特质的大学生应该采取不同的教育策略和方法，但其根本是着力培养大学生的创新特质。

二、社会网络与大学生淘宝创业意向

（一）网络异质性对大学生淘宝创业意向的影响

网络异质性体现了大学生社交圈子的广泛性。结果表明，大学生认识不同领域、不同专业的人的数量越多，接收的信息就越丰富，淘宝创业意向也就越强。因此，网络异质性对淘宝创业意向具有促进作用，这与以往创业意向相关研究的结果相吻合。

（二）网络规模对淘宝创业意向的影响

网络规模体现了大学生社交活动的积极性。结果表明，大学生社交网络的规模越大，其淘宝创业意向越强。因此，网络规模对淘宝创业意向具有促进作用，这与以往创业意向相关研究的结果相吻合。

（三）网络关系强度对淘宝创业意向的影响

网络关系强度体现了大学生社交网络的信任程度。结果表明，大学生网络关系强度越大，说明大学生网络间的信任程度越高，越容易建立起紧密关系，越容易获取有效信息和资源，其淘宝创业意向越强。因此，网络关系强度对淘宝创业意向具有促进作用，这与以往创业意向相关研究的结果相吻合。

虽然创业活动更多依靠的是创业者个人的综合能力，但选择创业是一种理智行为，即便个人具备相当的社会网络规模，但如果网络关系强度不够，不能在创业过程中给予相应的支持，则创业行为依然具有一定的不确定性。淘宝创业亦是如此，在平台入驻商家越来越多、创业活动日趋同质化的当前，想要获得成功离不开强大的社会网络力量。

三、大学生个人背景与淘宝创业意向的关系

（一）男性比女性的淘宝创业意向更强

受我国传统文化的影响，维持家庭的经济负担多为男性，且在传统文化氛围下，女性更倾向寻找稳定的工作。因此，男性比女性更倾向于通过创业获得个人成就。

（二）家庭居住在城市的大学生的淘宝创业意向更强

家庭居住在城市的大学生的家庭经济状况相对较好，对创业成本的承担能力更强。淘宝电商经过多年的成熟发展，开办网店的综合成本已不低于实体门店的成本。另外，家庭居住在城市的大学生往往更容易接触丰富的信息

资源，更容易把握宝贵的市场机遇，这也有助于促进其淘宝创业成功。

（三）具有工作经历的大学生的淘宝创业意向更强

工作经历一方面能够开阔大学生视野，使大学生愿意承担更具有挑战性的任务；另一方面实践经验与理论知识的结合也能够增强其自信与能力，进而影响其淘宝创业意向。

（四）具有类似创业经历的大学生的淘宝创业意向更强

淘宝创业相对其他类型的创业活动，由于门槛较低受到大学生的普遍青睐，但这也导致诸多在校大学生的淘宝创业具有尝试体验的性质，面对初次创业失败时，有过类似创业经历的大学生相对具有更强的淘宝创业意向。

（五）年级和专业对大学生淘宝创业意向没有显著影响

虽然年级和专业对大学生淘宝创业意向无明显影响，但是根据调查结果可以发现，在校大学生的年级越高越倾向淘宝创业；经管类和理工类大学生创业意向明显高于文史、法学和外语类等文科专业的大学生。

四、相关建议

通过问卷调查可以发现，河南工业大学部分在校生有淘宝创业经历，且部分在校生对淘宝创业有积极的兴趣，具有较高的淘宝创业意向。通过实证研究得出，个人特质、社会网络均与淘宝创业意向呈现显著的正相关，即具有较强的个人特质和社会网络的个体具有更强的淘宝创业意向。在个人特质方面，个人背景和个人特质中的冒险特质与成就特质是比较稳定的因素，但目前的高校创业教育对这类因素的影响非常有限。庞艳桃等（2015）在调查大学生创业能力现状时提出，高校要加大力度培养在校大学生的人文素养，提升他们在冒险特质、成就特质等方面的能力，但并没有提出具体方案；杜晶晶和王晶晶（2015）提出创业教育应从学生的创新精神和个性培养出发，激发其成就动机，但同样只是提出观点，没有给予解决实际问题的建议，这也从侧面说明了高校创业教育在提升大学生冒险特质与成就特质方面存在的客观局限性，有待后续深入地探讨。

通过数据分析可以发现，个人特质中的创新特质在样本中呈现明显的不足，这正是当前高校创业教育应当加强和完善的重点，其应当更加重视面向少数学生的创业教育。郑旭辉和李坤皇（2017）的研究表明，在开展创业教育时应贯彻“因材施教”的教育理念，针对不同个人情况、不同人格特质类型的学生开展有针对性的创业教育，这样才能更好地提升创业教育的成效。此外，应当重视面向全体学生的创新教育，引导学生以创新为基础从事创业活动。汤佳乐等（2013）认为，课堂是全面实施以培养创新精神和实践能力为核心的素质教育的主阵地。居占杰和刘洛彤（2016）认为，培养大学生的创新能力是国家实施创新驱动发展战略的迫切需要，从目前大学生创新能力的培养实践来看，应进一步更新创新创业教育的理念和培养方案，健全创新创业教育体系；改革传统的考核评价方式，注重对学生创新能力和实践能力的考查。因此，高校在实施创新创业教育时，要以创新教育为主、创业教育为辅，尤其要重视创新教育的全面普及，使大学生具备科学、坚定的创新精神。

第十二章 高校创新创业教育分类分层培养模式

在“双创”时代背景下，大学生成为一支担负创新创业重任的主力军，但是创新创业能力的培养和素质的教育并非一蹴而就，需要高校进行系统化的人才培养模式改革，如何构建面向能力培养与素质教育的创新创业教育模式成为诸多学者关注的重要问题。郝杰等（2016）研究了美国的创新创业教育体系，指出美国形成了政府、学校和社会机构等多主体参与的创新创业教育体系；马永斌和柏喆（2016）以清华大学创业教育为案例指出需要将专业教育与创业教育相融合并构建多层次创新创业教育课程体系；李双寿等（2017）基于 OBE 教育理念提出价值塑造、能力培养和知识传授等“三位一体”，创意、创新和创业等“三创融合”的创新创业教育理念。本书将“分类分层”思想应用于创新创业教育体系的构建，结合河南工业大学创新创业教育与人才培养的实践经验，力求探索具有普遍适用性的高校创新创业教育分类分层培养模式。

第一节 创新创业人才培养目标分类

创新创业人才培养目标的定位是创新创业教育的重要基础，左振和刘慧（2020）倡导重新定位创新创业人才培养目标，以实现创新型人才资源的挖掘；张继明（2020）指出我国高校人才培养目标应逐渐向培育具有核心素养的综合型人才转变。本书引入类型学的分类思想，系统划分高校创新创业人才培养目标。

按照事物发展由简单到复杂、由低级到高级的自然特征，将创新创业研究对象按照创新维度与创业维度划分为四个象限，即本科人才培养目标按照创新与创业程度的高低可以分为创新、就业、创业、创新型创业四类，如图12.1所示。具体地，就业型人才培养目标在创新与创业两个维度上均呈现出较低水平，但按照人才培养所呈现出的“二八定律”进一步细分，依然可以分为普通就业与高质量就业两种类型；创新型人才培养目标具有较低的创业水平和较高的创新水平，而根据创新领域的不同，又进一步划分为学术创新、创意创新和技术创新三种类型；创业型人才培养目标具有较高的创业水平和较低的创新水平，而根据创业类型的不同，又进一步划分为普通创业、商业创业和技术创业三种类型，创新型人才培养目标与创业型人才培养目标呈现出对应和互补的关系；创新型创业是最高水平的创新创业人才培养目标，其表现出既有较高水平的创新特征又有较高水平的创业特征，进一步可以划分为基于创意创新的创业和基于技术创新的创业。

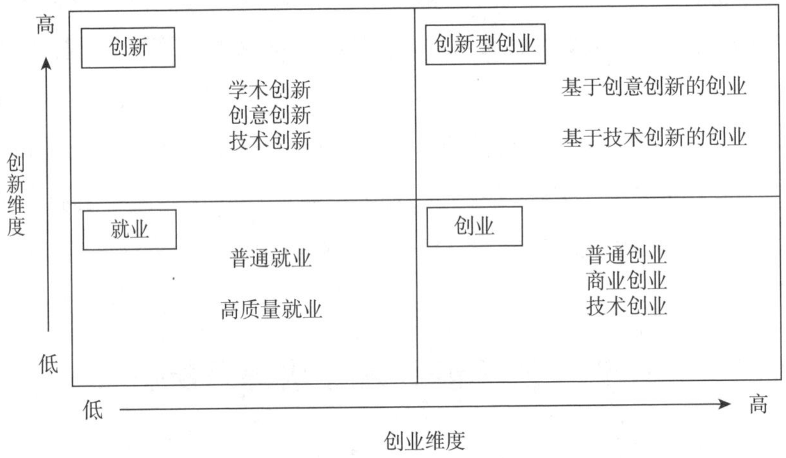

图12.1　创新创业的四象限分类

在针对创新创业的四象限分类基础上，通过对毕业生就业去向的统计分析，结合高校创新创业教育的实践总结以及优秀毕业生就业去向的长期观察，坚持“因材施教”及“最大化人才培养质量”原则，进一步将创新创业人才的培养目标分为六类，提出高校创新创业人才类型矩阵的概念，如图12.2所示。

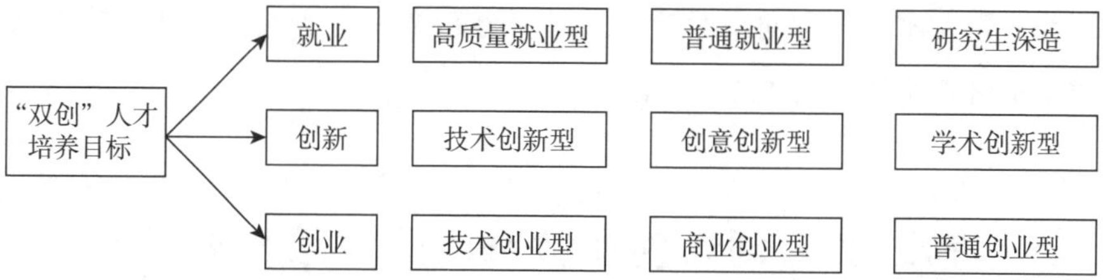

图 12.2 高校创新创业人才类型矩阵

其中，考虑到高校毕业生就业率的统计范围和方式，本书将考取研究生作为就业的一种分类。技术创新指的是科学技术、产品制造和加工等工艺上的创新；创意创新指的是新的商业模式、新的产品设计、新的销售服务模式等；学术创新指的是科学研究理论创新；技术创新型对应技术创业型，创意创新型对应商业创业型，普通创业型指的是一般的创业实践，缺乏技术创新和创意创新，仅凭借创业激情进行的创业活动。由此可得，在创新创业教育范畴，应以创新教育为主线，培育具有技术创新能力、创意创新能力或学术创新能力的高素质人才，绝大部分创新人才面向高质量就业和研究生深造，一小部分具有创业能力和创业意愿的人才面向创业实践。

需要注意的是，以上九种类型的人才培养目标并非简单的并列关系，而是具有内在的逻辑关系，创新在更多时候不单单表现为培养目标，而是实现创新创业人才培养目标的一种重要能力。高校创新创业人才类型的逻辑关系如图 12.3 所示。

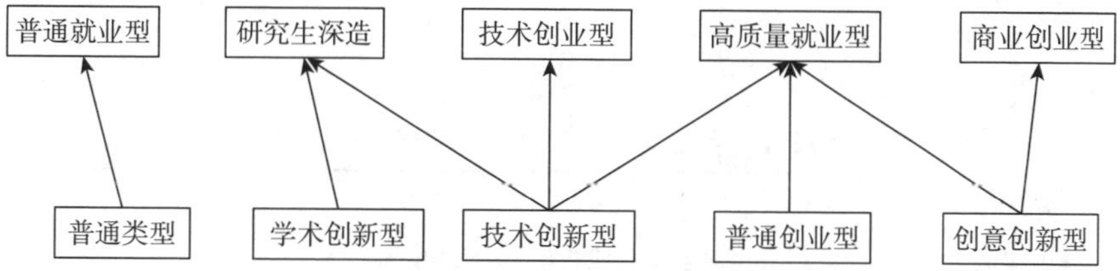

图 12.3 高校创新创业人才类型的逻辑关系

其中，本书将普通就业型人才培养目标的培养标准表述为普通类型。可见，创新能力贯穿各类高素质人才的培养过程，尤其应当重视技术创新能力的培养，其人才培养方向最为广泛，可以分别发展为研究生深造、技术创业型或高质量就业型的人才培养目标。

第二节　创新创业教育的分层培养体系

有意义学习分类法是美国俄克拉荷马大学教学发展研究中心主任芬克教授提出的制定教学目标的理论工具，其核心思想是提供以学习为中心的教学。基于有意义学习分类法的课程目标能有效地延伸、拓展学习的影响力，促进学生对生活价值与意义的探索。有意义学习分类法为更深入地理解创新创业教育提供了分析思路，本书将创新创业教育的目标分为6个方面，强调创新创业的学习内容和实践活动对学生个人所具有的意义，从而探索更好的方法为学生提供有意义的创新创业教育，如表12.1所示。

在使用有意义学习分类法理解创新创业教育的基础上，本书构建了创新创业教育的知识、能力和素质体系，将“双创”人才培养目标与专业培养方案相对应，具体地，将不同人才类型培养目标与创新创业的能力和素质相对应，如图12.4所示。参照专业培养方案的体系，将面向创新创业的培养标准划分为知识、能力和素质3个方面，进一步地，将知识方面分解为专业知识、创新创业知识；将能力方面分解为理论创新能力、实践创新能力和创业能力；将素质方面分解为创新精神、创新思维、企业家精神和创业意识。

表12.1　有意义的创新创业教育的六个要素

要素	内容
基础知识	理解并记忆创新创业的基础知识
应用	能够应用批判性思维、创造性思维和实践性思维 能够管理复杂的项目、团队，也包括领导才能和人际交往技巧
综合联结	能够理解学习与创新、学校与创业、学生与创业者等事物之间的关系
人文维度	能够理解创新创业活动的个人和社会意义，包括重新认知自我形象和自我理想

续表

要素	内容
关心	能够加强对创新创业活动的关注程度，建立并发展相应的兴趣、情感和价值观
学会学习	能够针对某一科目、主题，或创新活动、创业项目进行自主学习

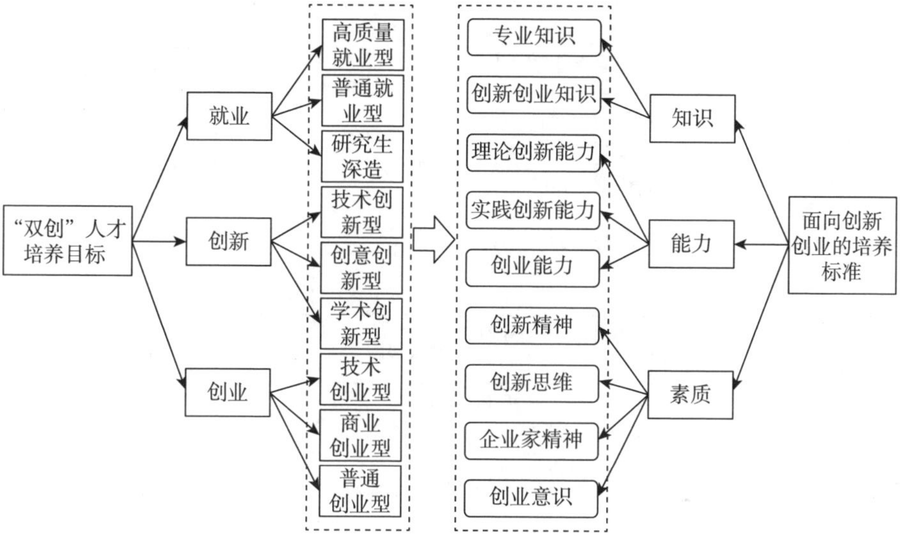

图 12.4　高校创新创业人才培养标准

在上述基础上，本书以电子商务专业为例分析河南工业大学在创新创业教育方面取得的经验和内在模式，将创新创业人才培养体系分为平台层、培育层及实现层三个层次，具体表现为培养方案、第二课堂、教学改革和孵化平台 4 个大类平台以及 17 个子平台，如表 12.2 所示。

平台层描述的是承载高校创新创业教育的基础平台，培育层描述的是在这些平台上所开展的具体课程、项目、计划和措施等执行方案，实现层描述的是经过系统的培养后创新创业人才所应具备的能力和素质。这三个层次总体描述了高校进行创新创业人才培养的全貌，其目标就是培养前述六种类型（主要是前五种）的创新创业人才。

表 12.2 高校创新创业人才培养模式的分层体系

<table>
<tr><th>实现层</th><th>培育层</th><th colspan="2">平台层</th></tr>
<tr><td rowspan="17">创新精神
创新思维
理论创新能力
实践创新能力
创业意识
创业能力
企业家精神
创新创业知识</td><td>《职业发展教育》《创新教育》《创业教育》《就业教育》</td><td>校级“双创”类通识公共必修课</td><td rowspan="4">培养方案
（与“双创”融合体现创新创业；
与行业融合体现行业特色）</td></tr>
<tr><td>《创新思维与科学决策》《创业管理》《创业设计》《网上创业》《小微创业企业融资管理》等</td><td>校级“双创”类通识公共选修课</td></tr>
<tr><td>《创业管理》《网络营销策划与实践》《电子商务网站建设与管理》</td><td>面向“双创”的专业选修课</td></tr>
<tr><td>《认识实习》《创业设计》</td><td>面向“双创”的集中实践课</td></tr>
<tr><td>国赛、省赛、校赛</td><td>创新创业竞赛体系</td><td rowspan="3">第二课堂</td></tr>
<tr><td>个人、团队创新创业社会实践</td><td>社会实践</td></tr>
<tr><td>电子沙盘仿真实验及仿真经营</td><td>“双创”模拟实践云平台</td></tr>
<tr><td>校级“创新示范学院”项目</td><td>创新创业示范学院</td><td rowspan="7">教学改革</td></tr>
<tr><td>国家、省、校三级训练计划</td><td>创新创业训练计划</td></tr>
<tr><td>校级“科教融合”项目</td><td>科教融合项目</td></tr>
<tr><td>教育部产学合作协同育人项目</td><td>校企协同育人</td></tr>
<tr><td>河南宇通重工、黎明重工等企业</td><td>产学研实践基地</td></tr>
<tr><td>电商专业创新小组及火箭班计划</td><td>教改实验班</td></tr>
<tr><td>河南省优秀基层教学组织、创新团队，教育部优秀创新创业导师</td><td>“双创”师资</td></tr>
<tr><td>提供院级创业综合服务平台</td><td>E 创空间（院级）</td><td rowspan="3">孵化平台</td></tr>
<tr><td>提供校级创业企业孵化服务</td><td>大学生创业园（校级）</td></tr>
<tr><td>郑州高新区创业中心等</td><td>校外孵化中心</td></tr>
</table>

通过这三个层次的划分，明确阐释了高校进行创新创业教育应当建设何种类型的教育平台，在平台上开展何种类型的教育活动，以及最终培养何种创新创业教育的能力和素质等关键问题。这三个层次是有机的整体、系统的框架，为深刻认识高校创新创业教育的载体和任务提供了可供遵循的框架。需要指出的是，平台层的构建具有一般意义上的普遍适用性，但是培育层的内容则根据不同学校或不同专业的特色优势具有较大的差异性。因此，构建创新创业教育的分层培养体系能够有效地帮助学生实现有意义的创新创业学习经历。

在构建创新创业人才培养模式的分层体系基础上，针对创新创业教育的基础平台，进一步从创新创业教育的执行主体、培育阶段和培养受众三个视角考察，如表 12.3 所示，可以发现：学校层面主要面向全体学生提供普及性的创新创业启蒙教育，培养学生的创新创业兴趣，同时合理规划建设为学院提供良好的教学改革平台；承担创新创业教育的主体则是学院层面，贯穿了从培养方案、第二课堂、教学改革到孵化平台的各个方面，通过大量的创新创业相关课程和实践项目达到提升学生个人或团队素质的目的；企业作为社会经济活动的主体，在创新创业教育过程中的参与程度和范围依然有限，在校企协同育人、产学研实践基地，以及提供优秀的创业导师方面均有广泛的发展空间。

表 12.3　高校创新创业人才培养模式的分层体系（三个视角）

<table>
<tr><th colspan="2">平台层</th><th>执行主体</th><th>培养阶段</th><th>培养受众</th></tr>
<tr><td rowspan="4">培养方案</td><td>校级“双创”类通识公共必修课</td><td rowspan="2">学校</td><td rowspan="2">启蒙</td><td rowspan="2">全体</td></tr>
<tr><td>校级“双创”类通识公共选修课</td></tr>
<tr><td>面向“双创”的专业选修课</td><td rowspan="2">学院</td><td rowspan="2">培育</td><td rowspan="2">少数</td></tr>
<tr><td>面向“双创”的集中实践课</td></tr>
<tr><td rowspan="3">第二课堂</td><td>创新创业竞赛体系</td><td>社会、学校、学院</td><td rowspan="3">启蒙、培育</td><td>多数</td></tr>
<tr><td>社会实践</td><td>学校、学院</td><td>少数</td></tr>
<tr><td>“双创”模拟实践云平台</td><td>学院</td><td></td></tr>
</table>

续表

平台层		执行主体	培养阶段	培养受众
第二堂课	创新创业示范学院	学院	培育	多数
	创新创业训练计划	学校、学院		少数
	科教融合项目			
教学改革	校企协同育人	企业、学院		多数
	产学研实践基地			
	教改实验班	学院		少数
	“双创”师资	企业、学校、学院		教师
孵化平台	E 创空间（院级）	学院	孵化	少数
	大学生创业园（校级）	学校		
	校外孵化中心	社会		

总体而言，在创新创业教育中，学校的重要使命是面向全体学生的创新创业启蒙，学院的重要任务是面向少数学生的创新创业培育；创新教育重在全面普及，创业教育重在关键少数。通过对创新教育和创业教育的区分，我们能够明确普及教育和重点教育之间的关系，为高校通过创业教育进而实现优秀创新企业的孵化提供了基础，这也符合“双创”的时代背景。

第三节　行业特色与创新创业教育的融合模式

对于具有鲜明行业特色的高校，其本科专业在起源、成长和发展过程中往往与相关行业具有密不可分的联系，此类专业的创新创业教育亦无法离开相关行业的背景和特色。本书以河南工业大学物流管理专业的创新创业教育为具体案例，探讨行业与专业的融合模式。物流管理专业起源于原郑州粮食学院的粮食流通方向，是我国最早开设物流管理高等教育的三所高校之一。

在创新创业教育方面，如图 12. 5 所示，首先，物流管理专业聚焦国家粮食战略，在研究团队、研究基地和研究成果方面均取得了特色鲜明、行业领先的丰硕成果；其次，从培养方案、专业课程和实践基地 3 个方面构建了完善的具有行业特色的物流管理人才培养体系，在人才培养目标与培养方案方面实现了与粮食行业需求的对接；最后，体现粮食行业特色，丰富创新创业教育，从毕业论文、创新创业实践和就业方向 3 个方面促进专业学生的创新创业教育。

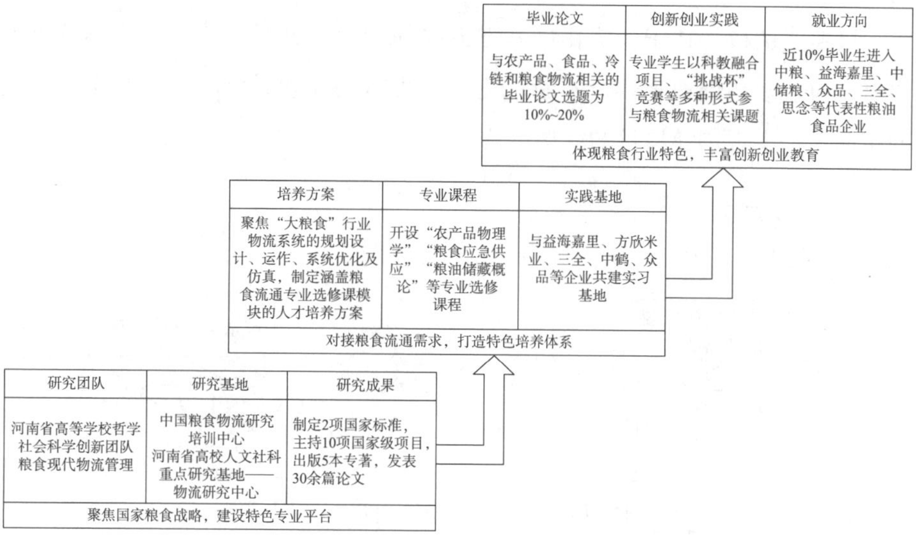

图 12.5　行业特色与创新创业教育的融合模式

从以上模式可以看出，行业特色与创新创业教育的融合，重点在于建设具有行业特色的专业平台，打造具有行业特色的培养体系，并且始终坚持创新创业的人才培养导向。

第四节　创业项目的“课程—竞赛—孵化”培育模式

根据实践经验的总结，本书构建了创业项目的“课程—竞赛—孵化”培育模式，如图 12.6 所示。具体分析如下：依托专业开设的“创业设计”课程，在第五学期面向专业学生布置创业设计任务，学生团队根据专业方向确定创业设计选题，进而组建校内外导师、学生团队并开展商业计划书的撰写工作，指导教师团队选择具有潜力的优秀项目进一步优化商业计划书及团队配置，积极参加各级各类创新创业比赛，对于获得奖励或得到认可的成熟项目，申请国家政策性资金以及联系入驻校内、校外创业孵化园等渠道帮助学生解决资金、运营和管理等问题，支持创业团队通过工商注册登记实现校内创业。

该模式的核心在于：依托培养方案内的创业设计类课程，广泛遴选创业项目；通过参加创业竞赛，不断优化完善可行的商业计划；最终在孵化空间的帮助下，实现创业项目的成功运营。

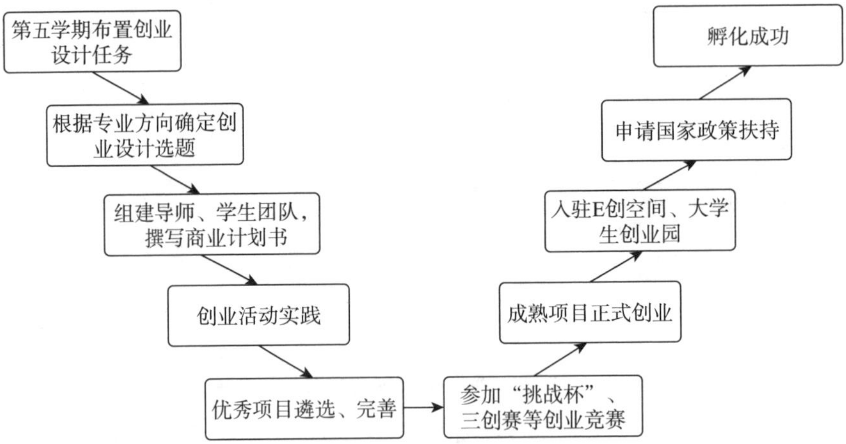

图 12.6 “课程—竞赛—孵化”培育模式

第五节 河南工业大学管理学院“双创”教育实施成效

经过多年创新创业教育的改革与实践，学生的创新精神、创业意识和创新创业能力均得到显著提高，创新创业成果层出不穷、硕果累累。

一、科教融合，学术素养不断提高

学生学术素养的提高主要体现在 3 个方面。一是通过对基础理论上的强化训练，学生考取研究生与出国深造的数量稳步提升，每年都有将近 20 人毕业后攻读国内外硕士研究生。二是通过对新培养方案中“数据挖掘”“商务智能”“社会网络分析”等课程的初步学习，不少学生开始使用文本挖掘、机器学习与社会网络分析等方法开展毕业论文课题研究，为今后的研究生学习、大数据行业高质量就业打下了技术基础。三是以课外竞赛为契机，培养学生的实践调研能力，多名学生参与的社会调查报告在“挑战杯”中获得省部级以上奖励。

二、服务创新，强化教学与科研团队建设

围绕创新创业人才培养，合理规划师资队伍结构，合理配置教师的职称结构、学缘结构、学历结构、年龄结构；鼓励中青年教师出国进修，参加短期培训和国内外学术会议，攻读在职博士学位等多种形式提高业务能力水平与学术影响力；对新进教师指定专任教学导师指导。河南工业大学管理学院的电子商务系与物流管理系，分别获得河南省与河南工业大学优秀基层教学组织。在此基础上，通过跨系部的人才团队优化组合，组建了“大数据与管理决策”河南省高校创新团队，提升了教师的教学与科研水平。

三、课程引导，创新创业成果双丰收

“创业设计”实践课程产生了大量的优秀创业项目。学生带着这些优秀项目积极参加“挑战杯”、“创青春”创业大赛、全国大学生电子商务“创新、创意及创业”大赛等各种竞赛活动，从 2017 年到 2019 年，电子商务专业学生已累计获得国家省部级以上奖励 30 余项。一部分创业设计优秀作品团队进行校内创业，部分在校生创办的企业入驻各类大学创业园。近五年，河南工业大学管理学院在校生通过工商登记注册的公司数量达到 10 余家。

四、强化实践创新，就业质量不断提高

通过创新创业教育的全覆盖及分层次实施，高质量就业比例大幅度提高。近五年的毕业生中，进入世界及中国 500 强企业、中国互联网企业 100 强、

国（境）内外上市企业的学生人数逐年提高，是实施创新创业教育前三届的3倍以上。另外，通过创新创业人才培养模式的改革与实践，学生的专业素养和专业能力有了大幅度提升，增强了学生从事相关工作岗位的信心与胜任能力。

综上，河南工业大学管理学院拥有电子商务与物流管理等国家级一流本科专业，与当今社会所需的创新创业能力和素质联系最为紧密，近年来不断推进面向创新创业的人才培养模式改革，本书正是成功实践的经验总结和理论凝练。在梳理创新创业教育理论及人才培养模式的基础上，本书将分类分层思想引入创新创业教育研究范畴，明确提出了创新创业人才培养目标的分类和创新创业教育培养体系的分层，对于我国高校创新创业教育的深化实施具有重要的借鉴意义。

参考文献

[1] 陈静，李卫东．大学生职业价值观、自我效能感和就业能力的关系研究［J］．高教探索，2011（5）：106－110.

[2] 陈曦．大学生初次就业质量评价及影响因素研究［D］．武汉：华中农业大学，2011.

[3] 邰玉明．创业教育对提升大学生就业质量的积极影响［J］．科技资讯，2015，13（14）：178.

[4] 葛宝山，宁德鹏．我国高校创业教育满意度对创业行为的影响研究：一个以创业激情为中介的大样本实证考察［J］．华东师范大学学报（教育科学版），2017，35（3）：103－115＋171－172.

[5] 顾晶晶．创新创业教育对大学生就业满意度的影响研究：基于陕西省高校毕业生的实证分析［J］．统计与信息论坛，2018，33（9）：123－128.

[6] 韩力争，傅宏．大学生创业自我效能感结构的扎根理论研究［J］．教育研究与实验，2014（4）：88－92.

[7] 韩璐璠．家庭资本对大学毕业生初次就业的影响研究［D］．大连：东北财经大学，2016.

[8] 贺媛．关于大学生社会资本与就业质量的实证研究［D］．大连：大连理工大学，2016.

[9] 胡蓓，杨辉，朱永跃．创业者社会资本与创业自我效能感关系实证研究［J］．科技进步与对策，2013，30（10）：12－15.

[10] 胡荣，沈珊．家庭资本与初中校园欺凌的关系问题［J］．求索，2018（5）：128－136.

[11] 靳义君．大学生创业自我效能感与创业意向间关系的研究：横断与纵向

研究方法的结合运用［J］．西北师大学报（社会科学版），2018，55（3）：124－132.
［12］李爱国，曾宪军．成长经历和社会支撑如何影响大学生的创业动机：基于创业自我效能感的整合作用［J］．外国经济与管理，2018，40（4）：30－42.
［13］李成彦，李艳茜．生涯教育培养大学生创业自我效能感的实现路径探析［J］．黑龙江高教研究，2019，37（2）：137－140.
［14］李庆华，刘迪．高校贫困大学生自我效能感的提升途径［J］．思想政治教育研究，2015，31（3）：130－133.
［15］李宜娟．青少年自我效能感不足的原因与提升策略［J］．中国青年研究，2018（4）：95－101.
［16］刘彦林，马莉萍．高校毕业生返乡就业的影响因素及就业质量研究：基于2017年全国高校毕业生就业数据的实证研究［J］．国家教育行政学院学报，2019（2）：80－88.
［17］齐鹏，程晓丹．高校毕业生就业质量评价体系研究［J］．江苏高教，2019（3）：86－89.
［18］秦学斌，昝宏洋，汪梅，等．创新创业教育对大学生就业质量提升的研究［J］．技术与创新管理，2018，39（5）：505－509.
［19］任胜钢，蒋宇，贾倩．创业教育对大学生创业绩效的影响机制研究：以主动性人格为中介［J］．现代大学教育，2017（3）：106－111.
［20］孙春玲，张梦晓，赵占博，等．创新能力、创新自我效能感对大学生自主创业行为的影响研究［J］．科学管理研究，2015，33（4）：87－90.
［21］王颖，李慧清．文化资本与社会资本对大学生创业意愿影响的实证研究：基于广州20所高校的调查［J］．高教探索，2015（3）：101－106.
［22］卫铁林．基于AHP的高校毕业生就业质量评价模型构建［J］．教育与经济，2013（2）：43－47.
［23］吴斯娜．以高质量就业为导向的大学生创业教育思考［J］．教育与职业，2015（3）：112－114.

［24］辛斐斐．人力资本、社会资本与大学生就业研究：回顾与展望［J］．重庆高教研究，2019，7（1）：102－111.

［25］于仁财，张哲，李海军．高校毕业生就业质量评判方法的探讨［J］．辽宁教育研究，2007（12）：115－117.

［26］张抗私，朱晨．大学毕业生就业质量的影响因素［J］．人口与经济，2017（1）：75－84.

［27］张文玉，蒋承．家庭社会资本与大学生就业：区分社会资本存量与使用量的实证分析［J］．教育学术月刊，2018（9）：16－29.

［28］钟柏昌，黄峰．问卷设计的基本原则与问题分析：以某校2011年教育学硕士学位论文为例［J］．学位与研究生教育，2012（3）：67－72.

［29］周曼，李红春，华磊，等．创新创业教育与大学生高质量就业：基于江西五所高校调研数据的实证分析［J］．教育学术月刊，2015（9）：89－95.

［30］朱高侠，王琦，崔振锋，等．社交媒体对大学生读研自我效能感的影响研究：以社会资本为视角［J］．现代教育技术，2014，24（11）：61－69.

［31］邹宇春，周晓春．大学生社会资本：内涵，测量及其对就业的差异化影响［J］．华中科技大学学报（社会科学版），2016，30（6）：94－103.

［32］ARTUR TAVARES VILAS BOAS RIBEIRO，JULIANA NATSUMI UECHI，GUILHERME ARY PLONSKI. Building builders：Entrepreneurship education from an ecosystem perspective at MIT［J］．Triple Helix，2018，5（3）：1－20.

［33］RONALD S. BURT. Structural holes and good ideas［J］．American journal of sociality，2004，110（2）：349－399.

［34］RONALD S. BURT. Structural holes：The social structure of competition［C］．University of Illinois at Urbana－Champaign's academy for entrepreneurial leadership historical research reference in entrepreneurship，1992.

［35］RONALD S. BURT. Reinforced structural holes［J］．Social networks，2015，43（10）：149－161.

［36］JAMES S. COLEMAN. Social capital in the creation of human capital［J］．The American journal of sociology，1988（94）：95－120.

[37] MARK S. GRANOVETTER. The strength of weak ties [J]. The American journal of sociology, 1973, 78 (6): 1360 - 1380.

[38] JAMES P. COMER. Developing social capital in schools [J]. Society, 2015, 52 (3): 225 - 231.

[39] JIANWEN LIAO, HAROLD WELSCH. Roles of social capital in venture creation: Key dimensions and research implications [J]. Journal of small business management, 2005, 43 (4): 345 - 362.

[40] 陈淑妮，肖凌琳，裴瑞芳. 创业能力、组织创业气氛和内部创业意愿的实证研究：以深圳高新技术人员为背景的调节效应模型 [J]. 中国人力资源开发，2012 (10): 95 - 100.

[41] 杜晶晶，王晶晶. 创业教育对大学生创业意向影响的实证研究 [J]. 高校教育管理，2015，9 (5): 113 - 119.

[42] 范琳. 体验式创业教育对大学生创业动机的影响研究 [D]. 保定：河北大学，2015.

[43] 高桂娟，苏洋. 大学生创业能力的构成：概念与实证 [J]. 高教发展与评估，2013，29 (3): 27 - 35 + 123.

[44] 纪玉超，杨向荣. 地方本科院校体验式创业教育模式的构建：以青岛理工大学为例 [J]. 学校党建与思想教育，2010 (35): 73 - 74.

[45] 李艳艳. 地方高校创业教育课程设置研究 [D]. 济南：山东师范大学，2015.

[46] 刘海鹰. 大学生创业意向影响因素研究 [J]. 科技进步与对策，2010，27 (18): 154 - 156.

[47] 刘素华. 就业质量：概念、内容及其对就业数量的影响 [J]. 人口与计划生育，2005 (7): 29 - 31.

[48] 刘志. 大学生创业意向结构及其现状的实证研究 [J]. 教育发展研究，2013，33 (21): 35 - 40.

[49] 陆秋萍. 论高校创业教育与大学生创业能力的相关性 [J]. 教育评论，2015 (6): 21 - 24.

[50] 马庆发．提升就业质量：职业教育发展的新视角 [J]．教育与职业，2004 (12)：6－8.

[51] 买忆媛，甘智龙．我国典型地区创业环境对创业机会与创业能力实现的影响：基于 GEM 数据的实证研究 [J]．管理学报，2008 (2)：274－278.

[52] 黄姝君．在高校中开展体验式创业教育的思考 [J]．咸宁学院学报，2011，31 (8)：170－171＋175.

[53] 彭正霞，陆根书，康卉．个体和社会环境因素对大学生创业意向的影响 [J]．高等工程教育研究，2012 (4)：75－82.

[54] 秦建国．大学生就业质量评价体系探析 [J]．中国青年研究，2007 (3)：71－74.

[55] 任立肖，彭雪，张丽．创业教育、社会资本对大学生就业质量的协同影响 [J]．教育评论，2018 (10)：70－73.

[56] 庞[illegible]俊，王庆江，张磊．创业能力内涵及其培养研究综述 [J]．中国职业技术教育，2016 (13)：49－53.

[57] 唐嘉芳．创新创业教育与大学生自身可持续发展 [J]．教育与职业，2008 (29)：189－190.

[58] 吴明隆．结构方程模型：AMOS 的操作与应用 [M]．重庆：重庆大学出版社，2010.

[59] 吴新中，董仕奇．高校毕业生就业质量评价要素及体系建构 [J]．科技进步与对策，2017，34 (4)：140－144.

[60] 席升阳．我国大学创业教育的理论与实践研究 [D]．武汉：华中科技大学，2007.

[61] 徐小洲，李志永．我国高校创业教育的制度与政策选择 [J]．教育发展研究，2010，30 (11)：12－18.

[62] 薛永基，马奔．集体林权改革后林区农民创业意向影响因素的实证研究：个体特征与环境认知视角 [J]．林业经济问题，2014，34 (1)：50－55.

[63] 赖美詹．高校创新创业教育对大学生创新创业素质及行为的影响研究

[D]. 北京：北京邮电大学，2019.
[64] 杨道建，赵喜仓，陈文娟，等. 大学生创业培养环境、创业品质和创业能力关系的实证研究［J］. 科技管理研究，2014，34（20）：129－136.
[65] 杨金焱，费世森. 新时期大学生创业能力的构成与培养［J］. 教育探索，2010（12）：147－148.
[66] 张吉玉. 大学生体验式创业教育探讨［J］. 辽宁行政学院学报，2012（5）：110－111.
[67] 张炜，王重鸣. 中小高技术企业创业者组合模式与胜任特征研究［J］. 科学学与科学技术管理，2004（3）：90－93＋135.
[68] 张瑶祥. 基于三方满意度的高校毕业生就业质量评价研究［J］. 中国高教研究，2013（5）：82－86.
[69] 张玉利，王晓文. 先前经验、学习风格与创业能力的实证研究［J］. 管理科学，2011，24（3）：1－12.
[70] 张玉利，杨俊. 试论创业研究的学术贡献及其应用［J］. 外国经济与管理，2009，31（1）：16－23.
[71] 张育广，刁衍斌. 高校体验式创新创业教育模式的探索［J］. 中国高等教育，2017（6）：61－63.
[72] 郑惠强. 以创新创业带动高校毕业生就业［J］. 教育与职业，2015（4）：6.
[73] 周晓丹. 动态视角下社会资本对创业的影响研究［J］. 科技创业月刊，2010，23（8）：27－28＋33.
[74] 朱红，张优良. 北京高校创业教育对本专科生创业意向的影响机制：基于学生参与视角的实证分析［J］. 清华大学教育研究，2014，35（6）：100－107.
[75] 邹建芬. 大学生创业能力开发与培养的路径探析［J］. 高校教育管理，2011，5（6）：91－95.
[76] ICEK AJZEN. The theory of planned behavior［J］. Organizational behavior and human decision processes，1991，50（2）：179－211.

[77] MATT BEATSON. Job quality and job security: An exploration of the concept of job quality and ways of measuring one of its aspects, job security [J]. Labour market trends, 2000, 108 (10): 441 –450.

[78] LOWELL W. BUSENITZ. Your business plan and presentation: Articulating your journey to commercialization [M]. New York: Academic Press, 2014.

[79] ANDREW L. COMREY. Factor – analytic methods of scale development in personality and clinical psychology [J]. Journal of consulting and clinical psychology, 1988, 56 (5): 754 –761.

[80] CURAVIC M. Fostering entrepreneurship among yong people – the EU perspective [C]. Geneva: UN Conference on Trade and Development Proceedings, Geneva, 2011.

[81] ROBERT F. DEVELLIS, SUSAN J. BLALOCK, KATHLEEN HOLT. Arthritis patients' reactions to unavoidable social comparisons [J]. Personality and social psychology bulletin, 1991, 17 (4): 392 –399.

[82] KEITH M. HMIELESKI, ROBERT A. BARON. Entrepreneurs' optimism and new venture performance: A social cognitive perspective [J]. Academy of management journal, 2009, 52 (3): 473 –488.

[83] J. CARLOS JARILLO. Entrepreneurship and growth: The strategic use of external resources [J]. Journal of business venturing, 1989, 4 (2): 133 –147.

[84] JEFFRY A. TIMMONS. New venture creation: Entrepreneurship for the 21st century [M]. New York: McGraw – Hill, 2008.

[85] JESSICA. KENNEDY, JUDY. DRENNAN, PATTY. RENFROW, et al. Situational factors and entrepreneurial intentions [C]. Proceedings of the 16th annual conference of small enterprise association of Australia and New Zealand, 2003: 1 –12.

[86] STEIN KRISTIANSEN, NURUL INDARTI. Entrepreneurial intention among indonesian and norwegian students [J]. Journal of enterprising culture,

2004, 12 (1): 55 -78.

[87] JUM C. NUNNALLY. Psychometric theory: 25 years ago and now [J]. Educational researcher, 1975, 4 (10): 7 -21.

[88] PAUL BURNS. Corporate entrepreneurship: innovation and strategy in large organizations [M]. London: Red Globe Press, 2013.

[89] PHILLIP H. PHAN, POH KAM WONG, CLEMENT K. WANG. Antecedents to entrepreneurship among university students in Singapore: Beliefs, atitudes and background [J]. Journal of enterprising culture, 2002, 10 (2): 151 -174.

[90] FREDRIC K. SCHROEDER. Workplace issues and placement: What is high quality employment [J]. Work, 2007, 29 (4): 357 -358.

[91] ALEXEI TKACHEV, LARS KOLVEREID. Self - employment intentions among Russian students [J]. Entrepreneurship and regional development, 1999, 11 (3): 269 -280.

[92] 李家华，卢旭东. 把创新创业教育融入高校人才培养体系 [J]. 中国高等教育，2010 (12): 9 -11.

[93] RAJESH PIRYANI, D. MADHAVI, VIVEK KUMAR SINGH. Analytical mapping of opinion mining and sentiment analysis research during 2000 -2015 [J]. Information processing and management, 2017, 53 (1): 122 -150.

[94] MAHAPATRA AHAPATRA M. On the validity of the theory of exponential growth of scientific literature [C]. The 15th IASLIC Conference Proceedings, Bangalore, 1985: 61 -70.

[95] 马永斌，柏喆. 大学创新创业教育的实践模式研究与探索 [J]. 清华大学教育研究，2015 (6): 100 -103.

[96] 王占仁. "广谱式" 创新创业教育的体系架构与理论价值 [J]. 教育研究，2015 (5): 56 -63.

[97] 田夏，张淑敏，吴益锋. 我国创业教育的理论研究现状与展望：基于 CSSCI 来源期刊论文（2004—2013 年）的计量与分析 [J]. 黑龙江高

教研究，2014（11）：91－94.

［98］屈家安，刘菲．国际创新创业研究热点与趋势可视化分析：基于2007—2016年四大国际顶尖创新创业期刊的CiteSpace图谱量化研究［J］．科技进步与对策，2018，35（12）：154－160.

［99］胡雯，刘笑．海外人才创新创业治理模式选择：基于上海和武汉的双案例比较研究［J］．科学学研究，2019，37（3）：526－534.

［100］BEN－ROY DO，ALALEH DADVARI. The influence of the dark triad on the relationship between entrepreneurial attitude orientation and entrepreneurial intention：A study among students in Taiwan university［J］. Asia Pacific management review，2017，22（4）：185－191.

［101］BARBARA BIRD. Implementing entrepreneurial ideas：The case for intention［J］. Academy of management review，1988，13（3）：442－453.

［102］LAURA BRANCU，VALENTIN MUNTEANU，DELIA GLIGOR. Study on student's motivations for entrepreneurship in Romania［J］. Procedia－social and behavioral sciences，2012（62）：223－231.

［103］DENIZ UCBASARAN，PAUL WESTHEAD，MIKE WRIGHT，et al. The nature of entrepreneurial experience，business failure and comparative optimism［J］. Journal of business venturing，2010，25（6）：541－555.

［104］范巍，王重鸣．创业倾向影响因素研究［J］．心理科学，2004（5）：1087－1090.

［105］李琼．基于吉首大学商学院为例的大学生创业意愿影响因素实证研究［J］．产业与科技论坛，2012，11（10）：132－134.

［106］李国锋，孙雨洁，张冰超．基于SEM模型的大学生创业意愿影响因素研究：来自山东省6所高校的实证数据［J］．山东财经大学学报，2017，29（6）：83－90.

［107］陆根生，彭正霞，康卉．大学生创业意向及其影响因素研究：基于西安市九所高校大学生的调查分析［J］．西安交通大学学报（社会科学版），2013，33（4）：104－113.

[108] 吕晓帆．个性特征、高校创业环境与大学生创业意向的关系研究［D］．蚌埠：安徽财经大学，2014.
[109] 王瑾．大学生创业心理资本的特点及其与大学生创业意向的关系研究［D］．北京：中国地质大学，2013.
[110] 钱永红．创业意向影响因素研究［J］．浙江大学学报（人文社会科学版），2007（4）：144－152.
[111] 向辉，雷家骕．大学生创业教育对其创业意向的影响研究［J］．清华大学教育研究，2014，35（2）：120－124.
[112] 朱蕾蕾．创业环境对大学生创业意向的影响研究［D］．济南：山东财经大学，2014.
[113] JIONG GAO, JIAMEI YU, LU WANG. Research on MOOC learners' behavior in discussion area based on text mining technology［C］. Proceedings of 2018 3rd International Conference on Education and Management Science, 2018：124－129.
[114] LONGQI QI. Evaluation on the tourism brand of Qingjiang based on text mining and quantitative analysis［C］. Proceedings of 2018 International Conference on Economics, Finance, Business and Development, 2018：32－38.
[115] 张永安，郄海拓．"大众创业、万众创新"政策量化评价研究：以2017的10项双创政策情报为例［J］．情报杂志，2018，37（3）：158－164＋186.
[116] 吴爱萍，董明，李华．"互联网＋"与"大众创业、万众创新"政策结构分析：基于扎根理论和共词分析法［J］．科技管理研究，2018，38（10）：44－52.
[117] 张永安，张瑜，筱丹．创新创业政策对区域新动能支撑效率的多视角分析［J］．科技进步与对策，2018，35（16）：113－120.
[118] 王苗苗，李华，王方．大众创新创业政策发展评估：基于政策工具、创新创业周期、政策层级［J］．中国科技论坛，2018（8）：25－33＋57.
[119] 温美荣．政府推进大众创业万众创新的政策效果评估与提升对策：基

于H省的调研分析［J］．理论探讨，2018（4）：158－163.

［120］曹牧原．基于爬虫和LDA的新闻话题挖掘［D］．保定：河北大学，2018.

［121］刘晓彤．基于文本挖掘的国家创业政策主题演变与协调性分析［D］．太原：山西财经大学，2018.

［122］雷沐坤．基于文本挖掘的战略导向识别及组合模式研究［D］．长沙：湖南大学，2017.

［123］许秋雪．基于文献计量和知识图谱的文本挖掘研究主题群识别与趋势分析［D］．延吉：延边大学，2018.

［124］孔德婧，董放，李昭甫，等．基于文本挖掘的“中国制造2025”地区行动计划分析［J］．中国工程科学，2017，19（3）：149－158.

［125］王婷婷，韩满，王宇．基于“21世纪海上丝绸之路”文献的文本挖掘研究［J］．统计与信息论坛，2017，32（11）：84－91.

［126］杨凯瑞，何忍星，钟书华．政府支持创新创业发展政策文本量化研究（2003—2017年）：来自国务院及16部委的数据分析［J］．科技进步与对策，2019，36（15）：107－114.

［127］DOUGLAS CUMMING，SOFIA JOHAN. The different impact of the internet on spurring regional entrepreneurship［J］. Entrepreneurship theory and practice，2010，34（5）：857－884.

［128］WILLIAM H. LEHR，CARLOS A. OSORIO，SHARON E. GILLETT，et al. Measuring broadband's economic impact［EB/OL］. http：//hdl. handle. net/1721. 1/102779，2006.

［129］高静，贺昌政，刘娇．基于SEM模型的大学生创业倾向影响因素研究：来自重庆的实证数据［J］．教育发展研究，2014，34（1）：57－62.

［130］陈权，尹俣潇．大学生创业自我效能感及影响因素实证研究［J］．高校教育管理，2015，9（6）：115－120.

［131］宋亚非．网络营销的竞争优势分析［J］．东北财经大学学报，2006（1）：47－49.

[132] 潘煜，张星，高丽．网络零售中影响消费者购买意愿因素研究：基于信任与感知风险的分析［J］．中国工业经济，2010（7）：115－124.
[133] 马蔚姝，李惠，辛怡．大学生创业意愿及影响因素的调查分析：以天津中医药大学为例［J］．大学教育，2017（4）：157－158.
[134] 冯磊，曹英，王蕊．创业技能教育对大学生创业意愿的影响研究［J］．企业经济，2011，30（3）：75－80.
[135] JOSE C. SANCHEZ. University training for entrepreneurial competencies: Its impact on intention of venture creation［J］. International entrepreneurship and management journal, 2011, 7（2）：239－254.
[136] 马昆姝，胡培，覃蓉芳．创业自我效能研究述评［J］．外国经济与管理，2008，30（12）：59－64.
[137] 史晋川，王维维．互联网使用对创业行为的影响：基于微观数据的实证研究［J］．浙江大学学报（人文社会科学版），2017，47（4）：159－175.
[138] 王维维．互联网对创业的影响研究［D］．杭州：浙江大学，2017.
[139] 叶映华．大学生创业意向影响因素研究［J］．教育研究，2009，30（4）：73－77.
[140] 衣长涛，丁连涛，朱宇，等．新形势下做好高校少数民族大学生教育管理工作的研究与思考：以东北地区某重点综合性大学为例［J］．创新与创业教育，2016，7（2）：146－150.
[141] 刘丁慧，侯盈权，周映君．“互联网＋”背景下大学生创业面临的机遇、挑战及对策研究［J］．湖北函授大学学报，2016，29（24）：7－8.
[142] 李玉琪．开拓大学生“互联网＋”创业机会的对策研究［J］．焦作大学学报，2018，32（1）：107－110.
[143] 于泊．大学生“互联网＋”创业影响因素［J］．中国管理信息化，2017，20（10）：232－233.
[144] 周逸．大学生互联网创业的实践与探索［J］．产业与科技论坛，2015，14（21）：139－140.
[145] 刘洁．大学生基于互联网创业意愿实证研究［D］．昆明：昆明理工大

学，2010.

[146] 张雪玲，李嵩峰. 杭州市在校大学生互联网创新创业意愿及其影响因素研究 [J]. 教育教学论坛，2017 (50)：57 - 58.

[147] 白岩，张志义. "互联网 + 大数据" 背景下大学生就业创业能力培养策略及应用系统平台的建设 [J]. 黑龙江科技信息，2016 (1)：116 - 117.

[148] 黄斌维，张朋. 基于 "移动互联网 +" 大学生创新创业培训的思考 [J]. 智库时代，2018 (28)：136 + 148.

[149] 张影. 创新创业意识、知识结构及心理品质的构建 [J]. 中小企业管理与科技 (下旬刊)，2016 (5)：118 - 119.

[150] YONG YU, LI LIU, GUIFENG HUANG. Reflection on innovation and entrepreneurship of business english majors in higher vocational colleges [C]. Proceedings of the 2017 International Seminar on Social Science and Humanities Research, 2017：177 - 180.

[151] QIANGNAN ZHAN, JIEQIONG HU, LIMIN SU. The impact of entrepreneurial experience on entrepreneurial opportunity identification：An analysis of the Case of Agel ecommerce Ltd [C]. DEStech Transactions on Social science, Education and Human Science, 2018：89 - 92.

[152] ZAREEF A. MOHAMMED, GURVIRENDER P. TEJAY. Examining privacy concerns and ecommerce adoption in developing countries：The impact of culture in shaping individuals' perceptions toward technology [J]. Computers & Security, 2017 (67)：254 - 265.

[153] ZHAO WEI. China's cross - border ecommerce embraces golden decades [J]. China's forcign trade, 2014 (5)：34.

[154] 刘荣进，陈平. 理工科大学生科技创业之路 [J]. 创新与创业教育，2011，2 (4)：17 - 20.

[155] 浦佳. C2C 平台对传统零售业的影响因素研究 [J]. 商业经济研究，2017 (15)：67 - 69.

[156] 程凡可. 浅析淘宝网发展现状及未来发展趋势 [J]. 经贸实践，2016

(13)：130.

[157] 向诚. 浅析大学生淘宝创业实现的可能性 [J]. 科技创新导报，2015，12 (18)：233.

[158] 陆根书，彭正霞，康卉. 大学生创业意向及其影响因素研究：基于西安市九所高校大学生的调查分析 [J]. 西安交通大学学报（社会科学版），2013 (4)：88－122.

[159] 王华锋，郑珠，牛晋泽. 大学生创业意愿影响因素研究：以浙江省大学生为例 [J]. 企业经济，2010 (10)：73－76.

[160] 孙俊华，周小虎，金丹. 大学生创业意向及其影响因素研究：基于高校在校生的实证分析 [J]. 扬州大学学报，2017 (21)：65－72.

[161] 郭莹. 大学生淘宝创业影响因素调查分析 [J]. 读写算·素质教育论坛，2013 (23)：8－10.

[162] 黄远飞. 新常态下大学生网络创业的影响因素：基于广州大学生创业调查的分析 [D]. 广州：广州大学，2015.

[163] 陈丹，王文科. 大学生创业意向影响因素研究 [J]. 山东大学学报（哲学社会科学版），2012 (6)：113－119.

[164] 周静静. 90后大学生人格特质和创业意向的作用机制研究 [D]. 合肥：中国科技大学，2014.

[165] 周宪，胡中锋. 大学生创业意向影响因素的实证研究：广州案例 [J]. 教育研究与实验，2015 (5)：66－72.

[166] YI－SHUN WANG，SHIN－JENG LIN，CHING－HSUAN YEH，et al. What drives students' cyber entrepreneurial intention：The moderating role of disciplinary difference [J]. Thinking skills and creativity，2016 (22)：22－35.

[167] CLEMENT K. WANG，POH－KAM WONG. Entrepreneurial interest of university students in Singapore [J]. Technovation，2004，24 (2)：163－172.

[168] 肖潇，汪涛. 国家自主创新示范区大学生创业政策评价研究 [J]. 科学学研究，2015，33 (10)：1511－1519.

[169] 石巧君，任梦莉．创业教育对大学生自主创业意愿的影响：基于湖南地区高校的样本数据［J］．湖南农业大学学报（社会科学版），2015，16（2）：97－102.

[170] 杨洁．创业政策、创业教育对大学生创业意愿的影响：基于中国大陆近十年大学生创业意愿影响因素的元分析［J］．重庆高教研究，2016，4（4）：15－23.

[171] 陈飞．大众创业万众创新背景下大学生“微创业”实证研究［J］．吉林化工学院学报，2016，33（8）：92－98.

[172] 徐小洲，梅伟惠，倪好．大学生创业困境与制度创新［J］．中国高教研究，2015（1）：45－48＋53.

[173] 陈璐，赵頔．大学生创业课程建设现状及对策研究：基于全国21所高校创业课程质量调查［J］．创新与创业教育，2015（6）：78－82.

[174] 段利民，杜跃平．创业环境对大学生创业意愿的影响：兼对GEM模型的再检验［J］．技术经济，2012，31（10）：64－70.

[175] 刘星喜，王聪．大学生创业实践：构建基于真实情境的创业教育模式［J］．思想教育研究，2014（6）：83－86.

[176] 谭立章，钱津津．以创业实践为载体提高创业教育实效性研究［J］．高等工程教育研究，2015（1）：140－143.

[177] 王文科．个性特征、高校创业环境和高校大学生创业意向关系的研究［D］．济南：山东大学，2012.

[178] 王妍．人才供给侧改革下推进大学生就业创业教育的路径［J］．农村经济与科技，2017，28（10）：295－296.

[179] 杨道建，赵喜仓，陈文娟，等．大学生创业能力结构的理论分析与实证检验［J］．科技进步与对策，2014，31（20）：151－155.

[180] MUMTAZ BEGAM ABDUL KADIR，MUNIRAH SALIM，HALIMAHTON KAMARUDIN. The relationship between educational support and entrepreneurial intentions in Malaysian higher learning institution［J］. Procedia－social and behavioral sciences，2012（69）：2164－2173.

[181] GEORG VON GRAEVENITZ, DIETMAR HARHOFF, RICHARD WEBER. The effects of entrepreneurship education [J]. Journal of economic behavior and organization, 2010, 76 (1): 90 – 112.

[182] KHAOULA BEN NASR, YOUNES BOUJELBENE. Assessing the impact of entrepreneurship education [J]. Procedia – social and behavioral Sciences, 2014 (109): 712 – 715.

[183] MERY CITRA SONDARI. Is entrepreneurship education really needed: Examining the antecedent of entrepreneurial career intention [J]. Procedia – social and behavioral sciences, 2014 (115): 44 – 53.

[184] JODYANNE KIRKWOOD, KIRSTY DWYER, BRENDAN GRAY. Students' reflections on the value of an entrepreneurship education [J]. The international journal of management education, 2014, 12 (3): 307 – 316.

[185] 祝敏丹．大学生创业意愿调查研究：以广东海洋大学为例 [J]．长江大学学报（社会科学版），2012，35 (4)：165 – 166.

[186] 黄侣蕾．长株潭三市创新创业政策的比较与优化研究 [D]．湘潭：湘潭大学，2016.

[187] 范柳，张亚男，刘新民．区域经济圈创业政策比较分析及启示 [J]．科技进步与对策，2017，34 (13)：47 – 54.

[188] 田鸣，张阳，唐震．典型国家创新创业发展模式研究及启示 [J]．科学学与科学技术管理，2016，37 (4)：3 – 16.

[189] 王礼鑫．我国公共政策评估制度的构建：基于闵行经验的思考 [J]．行政论坛，2015，22 (4)：52 – 56.

[190] 周勇，凤启龙，陈迪．创业环境对大学生自主创业动机的影响研究：基于江、浙、沪高校的调研 [J]．教育发展研究，2014，34 (17)：33 – 37.

[191] 李闻一，徐磊．基于创业过程的我国大学生创业行为影响因素研究 [J]．科技进步与对策，2014，31 (7)：149 – 153.

[192] 罗公利，边伟军，李静．科技创业企业成长影响因素研究：基于山东

省调查数据的分析［J］. 科技进步与对策，2012，29（23）：94－99.

［193］李伟. 坚持专业性、科学性和开放性理念实现政策评估的客观、公正与准确［J］. 管理世界，2015（8）：1－4.

［194］叶朝辉，牟晓云，于方坤. 地方政府绩效评价指标体系设计方法研究［J］. 时代金融，2017（23）：23－24.

［195］彭富国. 中国地方技术创新政策效果分析［J］. 研究与发展管理，2003（3）：17－21.

［196］张凌，王为. 基于集对分析的黑龙江省技术创新政策效果评价［J］. 科技进步与对策，2008（2）：119－122.

［197］宁凌，汪亮，廖泽芳. 基于DEA的高技术产业政策评价研究：以广东省为例［J］. 国家行政学院学报，2011（2）：99－103.

［198］龚勤林，刘慈音. 基于三维分析框架视角的区域创新政策体系评价：以成都市"1＋10"创新政策体系为例［J］. 软科学，2015，29（9）：14－18.

［199］张炜，费小燕，肖云，等. 基于多维度评价模型的区域创新政策评估：以江浙沪三省为例［J］. 科研管理，2016，37（S1）：614－622.

［200］李金珊，王倩倩. 财政支出绩效评价体系刍议：3E维度的引入与改进［J］. 财政研究，2018（3）：14－23.

［201］尹苗苗，张笑妍. 我国大学生创业能力提升路径探析［J］. 科研管理，2019，40（10）：142－150.

［202］尹志超，宋全云，吴雨，等. 金融知识、创业决策和创业动机［J］. 管理世界，2015（1）：87－98.

［203］彭正霞，陆根书. 大学生创业意向的性别差异：多群组结构方程模型分析［J］. 高等工程教育研究，2013（5）：57－65.

［204］严毛新. 嵌入视角下推进大学生创业教育［J］. 中国高教研究，2014（7）：75－80.

［205］郑旭辉，李坤皇. 高校创业教育对大学生创业意愿影响的实证研究［J］. 电子科技大学学报（社会科学版），2017，19（4）：97－105.

[206] 庞艳桃，武海龙，姜俊艳．湖北省大学生创业能力现状调查分析［J］．学校党建与思想教育，2015（21）：72－74.
[207] 汤佳乐，程放，黄春辉，等．素质教育模式下大学生实践能力与创新能力培养［J］．实验室研究与探索，2013，32（1）：88－89＋135.
[208] 居占杰，刘洛彤．创新创业教育背景下大学生创新能力培养问题研究：基于G大学经济学专业本科生调查的分析［J］．湖南师范大学教育科学学报，2016，15（2）：71－75.
[209] DAVID M. BLEI，ANDREW Y. NG，MICHAEL I. JORDAN. Latent dirichlet allocation［J］. Journal of machine learning research，2003（3）：993－1022.
[210] FREDERICK HOWARD. Blended learning in entrepreneurship education in the Asia－Pacific：A grounded theory approach to entrepreneurship pedagogy［C］. Proceedings of the ANZAM 2007：Managing our Intellectual and Social capital，University of Technology，Sydney，2007：1－15.
[211] MERLE KUTTIM，MARIANNE KALLASTE，URVE VENESAAR，et al. Entrepreneurship education at university level and students' entrepreneurial intentions［J］. Procedia－social and behavioral sciences，2014（110）：658－668.
[212] YEORYIOS STAMBOULIS，ACHILLEAS BARLAS. Entrepreneurship education impact on student attitudes［J］. The international journal of management education，2014，12（3）：365－373.
[213] DANIEL S. JANAL. Online marketing handbook：How to promote，advertise and sell your products and services on the internet［M］. New York：John wiley & Sons，1998.
[214] 叶朝辉，黄世英．地方政府绩效评价指标体系设计的必要性及原则研究［J］．时代金融，2017（20）：27－28.
[215] 黄美娇，吴发林．大学生返乡创业意向与创业能力的现状及关系分析：基于福建省6所高校的调查［J］．山东商业职业技术学院学报，

2019，19（1）：57－61＋86.
［216］卢陈，黄念，黄晶，等．大学生创业意愿及影响因素实证分析［J］．教育现代化，2017，4（35）：14－15＋27.
［217］周素娜．“互联网＋”背景下大学生创业研究：基于河南省大学生创业认知的分析［J］．内蒙古师范大学学报（教育科学版），2016，29（2）：103－106.
［218］彭鹏程．大学生创新创业引导机制构建的研究［D］．南京：南京工业大学，2017.
［219］杨明，徐浩然，周学增，等．关于“互联网＋教育”在大学生就业创业能力培养方面应用的研究［J］．现代经济信息，2016（12）：383.
［220］平和光，杜亚丽．我国创新创业教育研究现状探究：基于中国知网（CNKI）数据库（2001—2015）相关文献的计量学分析［J］．现代教育管理，2017（6）：106－111.
［221］阚婧．我国高校创新创业教育的实践探索［D］．大连：大连理工大学，2011.
［222］蒋宏达．试论职高生创业能力的培养［J］．河南职技师院学报（职业教育版），2001（4）：97－98.
［223］王辉，黄琳翔．基于校企合作的视角完善我国高校创业教育体系［J］．企业导报，2012（24）：210－211.
［224］付立平，武桂玲．高职院校体验式创业教育的理论基础与实践探索［J］．生涯发展教育研究，2014（1）：36－42.
［225］郝存生．体验式创业教育对大学生就业的思考［J］．北方经贸，2012（12）：163＋165.
［226］魏巍，李强．社会资本、创业自我效能感与大学生创业意愿关系的实证研究［J］．西安电子科技大学学报（社会科学版），2015，25（1）：112－117.
［227］胡蓓，田楹．产业集群集聚优势与创业意向的关系研究［J］．管理评论，2013，25（10）：111－119.

[228] 郝杰，吴爱华，侯永峰．美国创新创业教育体系的建设与启示［J］．高等工程教育研究，2016（2）：7－12.

[229] 马永斌，柏喆．创新创业教育课程生态系统的构建途径：基于清华大学创业教育的案例分析［J］．高等工程教育研究，2016（5）：137－140＋150.

[230] 李双寿，李乐飞，孙宏斌，等．“三位一体、三创融合”的高校创新创业训练体系构建［J］．清华大学教育研究，2017，38（2）：111－116.

[231] 左振，刘慧．我国高校创业教育与创新型人才培养研究：基于思政教育视角［J］．中国商论，2020（13）：193－194.

[232] 张继明．我国高校本科教学改革的审视与现代化治理路径：基于20余年来改革历程与治理模式的分析［J/OL］．高校教育管理，2020（4）：1－10.

[233] 王满四，秦艳峰．大学生创业的资金扶持政策及效果分析：来自广州的调查［J］．广州大学学报（自然科学版），2017，16（4）：89－95.

重要术语索引表

后 记

本书课题组与河南工业大学管理学院全体教师积极投身创新创业教育工作，在人才培养过程中注重立德树人与创新创业教育的有机融合，确立创新创业人才分类分层培养模式，积极开展教学改革和育人实践，培养出一批思想政治素质过硬、创新创业能力突出、具有强烈社会责任感的学生代表。

本书课题组立足河南工业大学本科教学改革“创新示范学院”建设工程，承担实施“创新创业教育改革示范学院”建设项目，不断探索创新创业教育工作的内在机制和有效路径。本书课题组在前期创新创业教育工作的基础上，于2017年12月申报“行业特色型高校创新创业人才培养范式研究与实践”，获得河南省高等教育教学改革研究与实践项目立项（项目编号：2017SJGLX001－3），同时被评为省级重大项目“基于‘专创融合’的地方高校创新创业教育生态体系构建与实践”（项目编号：2017SJGLX001）的子课题之一。本书课题组采用文献计量与文本挖掘、调查研究与实证分析等方法，系统分析我国创新创业政策的研究现状、创新创业教育和人才培养、河南省在校大学生创业意愿及其影响因素等内容。

在教学与科研实践中，本书课题组秉承河南工业大学“明德、求是、拓新、笃行”的校训，逐渐形成知要真知的朴素感悟：端正严谨的学术道德、实事求是的学术精神、勇于创新的学术追求、脚踏实地的学术研究。本书课题组坚持发扬“崇尚科学、勇于探索、报国兴学、自强不息”的精神，践行“起而行之且行要真行”的知行合一理念，加强理论修养、走在科研前列，主动担当作为、干在育人实处，为推动河南省高校创新创业教育的深入发展贡献绵薄之力，为谱写新时代中原更加出彩的绚丽篇章贡献点滴翰墨。

感谢国家自然科学基金项目“作者、期刊与数据库错误引文的科学计量学研究：识别方法、产生机理与抑控对策”（项目编号：71603073）、“职业成就与性别差异的微观机理：基于‘偏好—信念—行为’的实验研究”（项目编号：71602051）、河南省高校人文社科重点研究基地物流研究中心资助项目（项目编号：2017－JD－04）、河南省社科规划项目“河南省高校协同创新绩效评价与对策研究”（项目编号：2015CJJ049）、河南省高校青年骨干教师资助计划（2012GGJS090 和 2020GGJS087）、河南省高校科技创新人才（人文社科类）支持计划（JSK－2015－70－23 和 2018－CX－014）、河南省属高校基本科研业务费专项资金（项目编号：2014YWQQ23）、河南工业大学本科教育教学改革研究与实践项目“‘互联网＋’背景下新商科创新创业人才培养模式研究与实践”（项目编号：JXYJ－F201912）和河南省高校哲学社会科学创新团队资助项目（2019－CXTD－04）给予的资助和支持。

感谢河南省哲学社会科学规划办公室、河南省教育厅高教处、郑州大学、黄河科技学院，以及河南工业大学教务处和就业创业中心等单位对本书课题的指导与帮助，在此向张倩红、杨雪梅、李丽英、王忠勇、李高申、杨六栓、魏明侠、王飞、李海霞、杨艳萍、张浩军、卢娜、方丽娟、郭少东、李广平和韩江等领导和同事表示诚挚的谢意。

在本书的调查和研究过程中，河南工业大学管理学院的李欣与陈晓霞老师承担部分研究设计和内容指导等工作，尹璐承担部分研究报告撰写、课题结项和书稿统筹等工作，张晨芳、何甜、韩丽、蒋自立、余欢、赵高见、张心悦和刘文宁等学生承担相应的问卷调查与数据分析等工作，张梦璐、王婧如、王晨玮和曾俊等学生承担部分书稿的编辑校对工作，在此表示衷心的感谢。

此外，许多学者的前期成果和相关资料为本书的研究工作奠定了坚实的基础，在此对他们致以衷心的感谢。由于本书课题组水平及能力有限，书中难免有疏漏与不妥之处，敬请各位专家、同行和读者批评指正。

本书课题组
2020 年 12 月